信じていいのか銀行員
マネー運用本当の常識

山崎 元

講談社現代新書
2346

まえがき

「信じていいのか銀行員」。

結論を早く知りたい読者のためにお答えしよう。

「とんでもない！　銀行員を信じるような人になってはいけない」というのが本書のメッセージだ。

銀行は信用を第一とするビジネスだということになっている。そして、過去数十年、特殊な銀行だった日本振興銀行のような例外を除くと、日本の銀行は、経営破綻があっても、預金者や金融債の保有者は損をせずに済んできた。行政は銀行を特別扱いしてきた。

そして、顧客の側には、他の金融機関よりも銀行を信頼する傾向がある。

だが、近年の銀行のビジネスのやり方は、一言で言って「あざとい」。顧客に適した商品を売るのではなく、自分達が稼げる商品を売ることに専心している。

一方、証券マンの営業は強引だし、生保レディが売る保険商品は加入者にとってひどく不利な暴利の商品ではないか、銀行員だけが特に悪いわけでは無いはずだ、という反論がありうる。この反論に対しては、著者は「その通りだ」と全面的に賛成する。

しかし、たとえば、その手数料が今や重要な収入源になっている投資信託の販売にあって、近年の銀行は、対面営業の証券会社と変わらないくらい強引な販売を躊躇しない。顧客側が抱く「銀行は堅いし、銀行員は真面目だから、ひどいことはしないだろう」というイメージと実際の銀行・銀行員の行動とのギャップが、大変危険なのだ。

詳しくは本文で述べるが、銀行は、証券会社や生命保険会社よりも営業上遥かに強いポジションを持っている。退職金の運用方法が自分で分からないような素人など、ひとたまりもなく取り込まれてしまいかねない。

本書が警告している内容の凡そ8割は、銀行員に対してだけではなく、証券マンに対しても当てはまる。従って、本書は銀行との付き合い方の注意だけを書いた本ではない。

同様の職業人生を他人に勧めようとはさらさら思わないが、著者は、金融関係の多くの会社に勤めた。これまでの転職回数は12回だ（人生は予定通りに進まないものだ……）。投信運用会社や生命保険会社にも勤めたが、そもそも、自分自身が銀行員だったことも（期間は約3年半）、銀行の子会社に勤めたことも（同1年半）ある。銀行を実質的な顧客とする運用会社に勤めたこともあるし、銀行をカモにする側の外資系証券会社に勤めたこともある。ついでに言うと、近い親戚にも銀行員がいたし、無粋な学校・学部だったので、大学の友人には銀行に就職した者が大変多い。

一方、著者は、金融資産の運用を専門とし、最も得意としている。手前味噌ながら、この分野に関しては、誰にとって何が得でどのような意思決定が正しいのかがよく分かる。本書では、主にお金の運用の分野で、銀行及び銀行員がどれほど顧客のためにならない存在であるのかについて十分説明したい。

銀行及び銀行員に対して十分な警戒心を持てという著者のメッセージを認めて頂くとしても、次に、読者は、銀行員が勧める金融商品がなぜダメで、それでは実際にどうしたらいいのか、正しい理由と、具体的な解決策を知りたいだろう。

本書では、普通の銀行員が（たぶん）知らない知識も含めて、個人がお金の運用を行うに当たって必要な知識とノウハウを惜しみなくお伝えする。一通り読んで頂けたら、読者は、もう銀行員に（証券マンや生保レディにも）相談する必要など無くなるはずだ。むしろ、彼らに正しい知識を教えてあげられる立場に立つことができるだろう。

著者は、決して銀行と縁を切れと言いたいわけではない。しかし、銀行員のお世話になってはいけないと強く申し上げたい。

銀行は適切に利用するべきだ。銀行と爽やかに付き合う方法をご伝授しよう。

山崎　元

2015年10月吉日

目次

第二章　銀行員には不都合なお金の真実

第三章　銀行員が教えてくれないお金の「正しい！」知識

第四章　個人はお金をどう運用したらいいのか

第一章　銀行との正しい付き合い方

講演、原稿執筆、大学の授業などで、筆者は「銀行」について語ることがしばしばある。銀行は、私たちの生活に深く関わっている。第一章では、一般人が銀行との付き合い方に関して知っておきたいことをまとめた。

銀行員は、知り過ぎている

われわれの生活にとって、銀行の存在は、意識している以上に大きい。

たとえばカードで買い物をしても、決済が行われるのは銀行の口座内の資金移動によってだ。給料が振り込まれてくるのも銀行である。さすがに、現金で給料やボーナスを支払う会社は稀になった。お金を送るのも銀行でだし、家賃や公共料金などの引き落としが行われる場所も銀行口座だ。退職金が振り込まれるのも銀行だ。私たちは銀行に大きなお金を置いている場合が多いし、大きなお金の出入りはたいてい銀行を通る。

即ち、銀行は、預金口座の資金の動きを通じて、顧客のお金の動きや、生活の様子、場合によっては顧客の関心の在処《ありか》などが分かるのだ。

銀行を舞台にしたTVドラマで大ヒットした「半沢直樹」の原作者で、自身も銀行員だった池井戸潤氏に『株価暴落』（文春文庫）という作品がある。この小説の主人公も銀行員だが、彼が自分の勤務する銀行が有するある青年の口座の資金の動きを分析するシーンがある。この青年は、かつてのダイエーがモデルだと推測されるスーパーマーケットで爆破事件があり、その容疑者として浮かび上がった。この時点で分かっているのは、生年月日と住所だけだ。

女性行員はこの青年の取引項目の一覧表を閲覧し、「預金は普通と定期。クレジットカード、公共料金の引き落とし設定がなされています。カードローンも設定されていますね」と主人公に告げる。主人公は、普通預金の出入金明細を見せて欲しいと依頼する。

主人公と同僚は、まず、この青年に毎月定期的に25日に「給料」が振り込まれていることから、この青年を学生ではなく社会人だと推定し、その金額がそこそこに大きく安定していることから、アルバイトではなく正社員である可能性が大きいと考えた。次に、引き出す金額が細かいことから、青年が生活費をまとめて妻に渡すようなことのない独身者だと判断し、電気料金・ガス料金が少ないところから、あまり家にいるタイプでないと推測する。さらに、駐車場代の引き落としから車を持っていること、ローンの引き落としが無いことから車を現金で買ったこと、家賃から住宅が1LDK以下の賃貸住宅に住んでいること、加えて、全国紙の購読者であること、インターネット・バンキングの使用履歴からパソコンを持っていることなどを割り出す。

主人公の分析に対して感心する同僚に対して、作者は、主人公に「指紋と同じだよ」と語らせる。「銀行員にとって、金の動きは指紋と同じ。いや、それ以上のことを語る重要な証言者たりうる」と続く。

銀行は、顧客側が想像する以上に顧客のことを知り得る立場にある。

もう10年近く前のことになるが、筆者は、当時連載原稿を書いていた主に支店の銀行員向けの雑誌の投資信託セールスに関する特集記事のマンガに、「証券会社からお振り込みのあったお客様は、リスク商品に対するご関心がある可能性が高いので、是非アプローチしてみましょう」という台詞《せりふ》があったことを印象的に覚えている。

顧客の資金移動のデータを与信判断に使うのはいいとしても、マーケティングにも使っていいものだろうかという疑問は今も消えない。しかし、銀行側のデータ分析やマーケティングのアプローチは、当時よりも一層進歩しているに違いない。

預金者の資金移動のデータは、その気になって使おうとすれば、マーケティングに使える途方もないビッグ・データだ。仮に筆者が銀行側の人間で、顧客の資金移動データを自由に使える立場にあるとすれば、金融商品のセールスに引っ掛かりやすい「情弱」(「情報弱者」の略語)な顧客を割り出すための統計分析を行うだろう。

「今お金がない」という言い訳が通じない

顧客の状況把握に対する銀行の強さは、証券会社と比べてみると分かりやすい。

1997年の11月に山一證券は自主廃業を発表したが、その後、山一證券から銀行に再就職した人がかなりいた。当時、1998年に通称「日本版ビッグバン」と呼ばれた大規模な規制緩和の一環として、銀行での投資信託の窓口販売が解禁になった。そこで、銀行側では、証券会社で投資信託を扱ったことがある経験者を大量に採用したのだ。

当時、銀行に再就職した元山一マンに聞くと、銀行には証券会社風にいうと巨大な「預かり資産」があって、しかもその大半がまだ投信を買ったことがなく、従って損をしたこともない顧客の「手つかずの金」なのだから、「すごい!」と言って感心していた。

たとえば、全財産の1億円を丸ごと1つの証券会社に預けていて、「さあ運用でもしようかな」と思う人は少ない。

いつもは銀行に「預金」として置いておいて、そこから「1000万円くらいなら付き合ってもいいかな」とか、「A証券と1000万円付き合っているから、B証券さんとは500万円くらいにしておこうかな」と銀行から部分的に引き出して証券会社と取引している。

ところが、銀行には顧客単位で見ると、その人の「財産の本隊」がそこにある状態になっている場合が多い。

そして、前述のように銀行側では、顧客のお金の状況がよく分かる。

ちなみに、かつて読んだ証券営業に関する専門書（『証券営業 理念と技術』小野喜也著、文園堂出版。絶版）によると、証券マンがお客さんに投資信託を勧めて断られる台詞で一番多いのは、「今お金がないから」というものだという。「今お金がない」というのは「今投信に回せる適当なお金がない」という意味だ。そう言われたら証券マンとしては基本的に引き下がらざるを得ない。そうならないために、日頃からMMF（マネー・マネジメント・ファンド）でもいいので、お客からお金を預かっておこう、という文脈だった。

ところが、銀行には、この「今お金がない」という言い訳が通用しない。銀行は、顧客が普通預金にいくら預けているのかも、その人の定期預金の満期がいつなのかも知っているし、それ以上のことも知っているからだ。

率直にいって、銀行員は、セールスマンとして立場が強過ぎる。何はともあれ、銀行に、具体的には銀行員に対して警戒せよと申し上げておく。

普通預金は「案外悪くない」

長年続いている低金利の環境下で、銀行の預金にお金を預けておくことについてどう考えるべきだろうか。俗に、銀行預金にお金を「遊ばせておく」という表現があるし、「銀行預金は止めなさい」という趣旨のタイトルを付けた書籍も少なくないが、どうなのだろうか。

筆者は、現在の普通預金に関しては「案外悪くない」と感じている。その理由は、機会費用が小さいからだ。

10年国債に投資するリスクを取っても得られる利回りは0・3％程度しかない（個人の場合、さらに税金が約20％掛かる）。端的にいって、普通預金にお金を置いておくことが通常の環境下と比較して殆ど「もったいなくない！」。

普通預金は、いつでもATMを通じて出し入れできるし、カードの支払いや各種の送金も含めて決済に使える高度な利便性を持っている。

少々の利回りの差を求めてリスクを取るよりは、普通預金にお金を置いておく方が便利だし分かりやすい、という判断は、今の状況なら大いにあり得る。

現状でむしろ良くないのは、銀行の取扱商品ではないが、小さな利回りアップを狙って、たとえば個人向けに売られている社債を買うような運用だ。個人に社債の信用リスク判断は難しいし、そもそも機関投資家が魅力を感じない発行体及び条件だからこそ、金融的な判断力が弱い個人を狙ってリテール網で社債を売っているのだ。

一方、定期預金は、普通預金の利便性を手放す割には利率が悪いから、目下のところ魅力的ではない。

銀行の利用は普通預金だけでいい。率直に言って、銀行が扱う他の商品は、何れも他の金融機関に（一歩踏み込んで言うなら殆どがネット証券に）より良い物が存在するからだ。

銀行は、銀行員の顔を見ないで使おう

銀行というものを、あくまで財布代わりであり、決済をするところであると理解しよう。そして、敢えて「銀行を使うコツ」をいうなら、銀行員の顔を見ないで使うことだ。殆どの銀行の普通預金口座で、ネットで24時間残高のチェックや振り込みができるインターネット・バンキングの利用が可能だ。

これなら支店で待たなくていいし、振込手数料も安いことが多い。銀行の支店へ行って、うっかり金融商品のセールスにあってしまうこともないし、冬場にインフルエンザに感染することもない（！）。何より時間の無駄がないのがいい。「時は金なり」は普遍的な金言だ。現金が必要な時にだけ、ATMに行く。

ちなみに、自分のお金の使い方のコントロールがまだできていない若いサラリーマンのような人には、ATMで現金を引き出す際に、必要な都度細かな単位で五月雨式に下ろすのではなく、月単位で予定した生活費を2回に分けて半分ずつ下ろし、カードを使わずに

現金で生活することをお勧めする。

1回目に引き出したお金が、月の半ばまで保《も》たずに無くなるようなら、お金の使い方のペースが自分にとって速過ぎるということであり、2回目のお金で月の残りを過ごすことによって、収支のバランス感覚を養うことができる。カードが発達した時代にいささか原始的だが、「現金主義」は分相応の支出習慣を作る上で有効だ。

さて、銀行にはメリットもあって、お金の出し入れが記録に残る。収支をきちんと把握するためには、資金決済用の銀行口座が一つだけあればいい。

銀行のカードをいくつも持っている人はお金の管理が上手くない人が多いようだ。ペイオフの心配以外で、取引銀行を複数にする意味合いはないし、そもそも複数の銀行に預けるペイオフ対策は、お金の扱い方として最適なものではない。

普通預金には、たとえば、日頃の生活費のだいたい3ヵ月分を入れておくといいだろう。もっとも、何ヵ月分を置くかは、日頃どんな支出があるか、家族がいるか、急にお金がかかることがあるかどうかなどを考えて、自分が借金をしないですむ水準を考えて欲しい。

ただ、投資信託にしても株式にしても、数日で換金できるので、銀行に絶対安心できるくらいのお金が貯まるまではリスク資産に投資できない、というものではないことも覚えておくべきだ。

キャッシュカードに要注意

便利な普通預金だが、キャッシュカードを作る際には注意しよう。ATMで使うキャッシュカードには近年クレジットカード機能が付けられている場合が多く、申し込みの際に、決済方法を選ぶようになっている。一括引き落としか、リボルビング払い（通称「リボ払い」）のいずれかだが、この際、絶対にリボ払いを選んではならない。

リボルビング払いとは、たとえば、毎月2万円といった決まった額で支払いを済ませる方法だ。たとえば、10万円の買い物をしてクレジットカード機能を使って支払った場合、1カ月目には2万円、2ヵ月目に2万円、という調子で普通預金からの引き落としが行われる。いきなり10万円引き落とされるよりも安心な印象を受けるが、「小さな借金」の残高が8万円、6万円としばらく残る。この間、さらに買い物をすると、借金残高が増すことになり、増減しながら維持されることになるが、問題はその金利であり、年率15％程度の暴利なのだ。

機関投資家の運用計画を参考に株式投資に期待できるリターンを考えると、年率5％くらいなのに、その3倍もの利息を取られるのは、全く非効率的だ。

しかし、銀行員はしばしばリボ払いが安心であるかのような説明で顧客を誘導しようとするし、時にはリボ払いにすると一時的なメリットが得られる特典を用意するキャンペーンを行うことがある。

筆者は、大学で授業をする際に、学生に毎年、「一緒に買い物をする際に、カードでの支払いをリボ払いにする恋人とは結婚してはならない。経済観念の無い配偶者と暮らすと苦労するから」と言うことにしている。

銀行の個人顧客向けビジネスには2つの方向性がある。

まず、ある程度のお金持ちに対しては、資産運用から手数料を稼ぐ。投資信託や保険を売って手数料を稼ぐ、「フィー・ビジネス」と称するものだ。外貨預金の外国為替での儲けや仕組み預金といった預金の形を取ったフィー・ビジネスもある。ちなみに、銀行では、投資信託ばかりでなく、個人年金保険、外貨預金、仕組み預金の何れも「買ってはいけない商品」だと断言できる。リスク以前に手数料がバカバカしいからだ。

他方、貧乏人からは金利で稼ぐ。銀行本体だけでやるのではなく、子会社のカード会社や消費者金融会社を使って、金利で稼ぐ。彼らが将来稼ぐ給料から金利を引き落とすために、銀行は「小さな借金」への入り口を方々にこしらえて、罠を仕掛けているのだと理解しよう。

銀行員が高給取りであることを忘れるな

銀行員は人件費が高いことを常に念頭に置いておきたい。もともと高給でなければ、人気にはなりにくい職業だろう。

銀行員は時間を使うと、その時間のコストを回収しなければならない。彼らの人件費が高いということは、大きな金額を回収しなければならないということだ。そして、この回収は、顧客から儲けることによって行う以外に方法がない。

しかし、時間を使った全ての顧客から十分な回収ができるとは限らないのだから、あなたが銀行で商品を購入する時の手数料には、銀行員が他の顧客から回収し損なった時間のコストが含まれているかも知れない。

正社員の銀行員には、年収が1000万円を超える人が珍しくないが、年間250日働き、一日8時間労働で計算すると（実際には銀行員はもっと長時間働いているが）、年収1000万円の人の一時間当たりの時給は5000円になる。銀行としては、その3倍位は稼がなければならないから、銀行から見た「銀行員の時間のお値段」は相当に高いと覚悟しなければならない。

この点で注意が必要なのは、銀行員と「相談」することだ。相談に時間を使う以上、銀行員はそのコストを回収しなければならない。すると、相談が、実質的には商品やサービスのセールスの場に変わる。

人間の心理として、親切に話を聞いてくれたり、自分のために時間を使ってくれたりした人には、ある種の心理的「負い目」(感謝もその一種だ)を感じるものだ。加えて、相手はプロの金融マンなのだ。侮ってはいけない。

筆者は、たとえば銀行が用意してくれる「無料相談」に行くことにも強く反対する。「タダほど高い物はない」という格言は、まさに、こういうものに気を付けろと言っているのだ。

尚、日本人一般(特に高齢者)の傾向として、自分はお客様なのだからサービスを受けて当然だという意識と、この意識と表裏一体の心理として、自分がお客としてどれだけ大切に遇されているかを気にする気持ちを持っている。この「お客様意識」は消費者として、売り手に付け込まれる隙を作りやすい余計な考えだ。

話し相手を求めて、銀行をはじめとする金融機関の窓口に出向いたり、金融マンと話し込んだりする人(こちらも特に高齢者)が相当数いることや、彼らの心理が分からないではないのだが、敢えて言う、金融マンと相対《あいたい》して、構って欲しがることは「恥ずかしいことだ」と思うべきだ。

実際には、恥ずかしいだけでなく、危険でもある。まして、相手が銀行員とあれば尚のことだ。

数年後の銀行預金の安全性には疑問がある

普通預金にお金を置いておいても腹が立たないとしても、日本国内の銀行の円預金に関して「一人、一行、1000万円まで」という預金保険の保護対象の上限は愚直に守る方がいい。

政府の中長期経済見通しでも長期金利は2〜3年後には2％に達する予定であり、「インフレ率2％」が達成された後、日銀は少なくとも現在のようなペースで長期国債を買うことはないはずだから、数年後に、長期国債の利回りが2〜3％に達する可能性が十分ある。この場合、長期国債の価格は2〜3割下落することになる。

さすがに、有価証券運用でまるまる全額を長期国債に回している銀行はなかろうが、銀行のポートフォリオが大きく傷むことは避けられそうにない。

特に、貸出先の不足から、有価証券運用に大きく依存している銀行にあっては、運用の失敗で債務超過に陥るような事態がないとも限らない。自己資本に関する規制基準が厳しいメガバンクよりも、経営リスクがあるにもかかわらず基準が甘い地銀や第二地銀、信用金庫などには不安を感じる。

尚、自分の預金が預金保険で全額保護されているとしても、自分のお金を預けてある銀行の破綻に遭遇するのは、相当に「嫌な感じ」だろう。また、銀行が破綻した場合、預金保険の清算のために預金者ごとの預金を集計する「名寄せ」を行う間、一定額（1人、数十万円?）以上の預金を引き出せない状態になるという現実的な不便も想定される。

銀行は、「親しみやすさ」よりも、「強さ」で選ぼう。どの道、銀行と親しくなっても、ろくなことはないのだ。取引銀行はドライに選択したい。

また、率直に言って、国債運用では十分な利ザヤが確保できない現状で、銀行が一体どうやって資金を運用しているのかに関して、大きな不安を禁じ得ない。銀行だから外債などの為替リスクを裸で取っているケースは少なかろうが、為替以外のリスクも含めて、当面の時価評価に反映しにくい形で何らかのリスクを取って、当面の期間当たりの利回りを稼ごうとしている金融機関が多いのではないか。

たとえば、仕組み債への投資や、ファンドの形を取ったベンチャー企業、不動産などへの出資だ。これらは、「当面」リスクが決算に反映しにくいが、2〜3年経過して、経済的な状況が大きく動いた時に突然表面化する可能性が大いにある。

筆者はかつて、外資系の証券会社に勤めていたことがある。当時の経験から判断して、「利ザヤが稼げなくて困っている金融機関」は、仕組み債（ろくでもない暴利の商品なのだが、決算の誤魔化しには役立つ）など外資系の証券会社が儲かる商品の営業にとって絶好のターゲットのはずだ。

金融庁も日銀も、銀行の破綻は避けたいと考えて手を打っていくはずだが、2〜3年後くらいに「制御不能」の巨額損失が突然出てこないとも限らない。

仮に長期金利が高騰して日本の財政が危機に陥ることがあるとすると、銀行の破綻は、そのずっと手前で起こるだろう。

尚、破綻金融機関の処理は土日に行われることが多い。「心配だ」と思ったら、金曜日までにお金を引き出そう。

何はともあれ、預金者としては、銀行に過大なお金を預けないことだ。

ペイオフ対策は個人向け国債かＭＲＦで

前項でも触れたように、ペイオフというのは、預金保険による払い戻しのことで、転じて、銀行の破綻を指すことが多い。我が国では、日本国内の銀行の円建て預金の、1000万円までの預金の元本と金利が、預金保険でカバーされることになっている。

この場合、支店が異なる預金口座の預金も、同一の銀行であれば、預金者個人の単位で合算される。これを「名寄せ」と呼ぶが、預金保険で預金が保護されていても、名寄せの期間中は、自分の預金の引き出しが制限される。自分の預金がペイオフの事態に至ると、少なくともかなり嫌な思いをするだろう。

最低限の常識として、預金先の銀行が破綻した時に預金の1000万円を超える部分はリスクに晒《さら》されることを意識しておこう。

たとえば、A銀行に1億円預金がある場合と、B証券でMRF（マネー・リザーブ・ファンド）に1億円預けている場合では、どちらのリスクが大きいか。

銀行の預金というと一見安心なようだが、実は預金1億円のうち、9000万円は預金保険では保護されていない。一方、証券会社のMRFは、投資信託の一種だが、この場合、利回り変動のリスクは取っているが、B証券を経由して買った投資信託は、B証券がつぶれても財産自体は信託銀行に分離して保管されているので証券会社破綻による影響は無い。

金融機関の経営リスクに対する安全度という意味では、MRFの方が銀行預金よりも安全な場合がある。この点は、ぜひ覚えておいて欲しい。

但し、対面営業の証券会社でMRFに多額のお金を置いておくと、「動かせる資金を持った良い見込み客」だと見込まれて、熱心なセールスのアプローチを受ける可能性があるので十分注意しよう。この点に関しては、ネット証券のMRFなら、「セールスの危険！」に晒される可能性が無いので安心だ、と申し上げておこう。

リスクを取りたくないお金が1000万円以上ある場合、後述の個人向け国債かMRFを考えてみて欲しい。

大まかには、当面お金を動かさずに済むのであれば個人向け国債、お金の出し入れがありそうならMRFを考えよう。

銀行で買っていい運用商品は「個人向け国債・変動10年」のみ！

銀行の窓口でも買うことができる運用商品で唯一購入対象にしていいのは、個人向け国債だけだ。変動金利で10年満期のものを買おう。目下の金融環境では、個人がリスクを取りたくない資金を運用する対象として、ほぼ決定版の答えだと言っていいだろう。他の対象、具体的には、長期国債での運用を考えるのは、長期金利、すなわち10年国債の流通利回りが3％を超えてからでいい。

理由は、まず、さすがに財務省もそこまで踏み込んだ宣伝はしないが、（1）個人向け国債の方が銀行よりも信用リスク面で安全であることだ。潰れるとすれば、国家財政よりも、銀行の方が先だ。

加えて、将来長期金利が上昇するリスクを意識せざるを得ない現在の環境にあって、（2）将来長期金利が上昇しても元本割れしないことは魅力的だ。半年単位の変動金利（10年国債の流通利回りの66％に決まる）で、直近2回分（1年分）の利息を支払うと何時でも元本が100％返ってくる。これは、なかなか強力なオプションだ。この条件なら、個人向け国債で運用したいと考える「法人」も少なくないはずだ。そもそも、それが可能なら、銀行も資金の一部をそうするかもしれない。

金利に関して「いいタイミング」を判断するのは必ずしも易《やさ》しいことではないが、仮に将来「今こそ金利のピークであり、固定金利の長期債を買いたい」と思えば、このタイプの個人向け国債なら、2回分の利払い（税引き後の金額でいい）を支払い、元本100％で途中解約して、その資金で長期債を買うようなこともできる。

加えて、（3）現状では利回り面で銀行預金よりも少しマシである。

何れも、なかなか結構な条件だ。かつては、3ヵ月に1度しか買えなかったが、近年毎月買えるようになった。

尚、個人向け国債は、銀行以外に、証券会社（含むネット証券）でも、郵便局（ゆうちょ銀行）でも買える。銀行で買わなくてもいいのだが、銀行で運用商品を買うとすると唯一買ってもいいのが個人向け国債の変動金利10年満期型だ、ということを強調しておこう。但し、購入の際に注意が必要な点が一つある。それは、他の運用商品、特に投資信託に対する勧誘に耳を貸さないことだ。

個人向け国債は、これを売っても銀行が得る手数料が小さく（販売代金の0・5％を国から貰えるだけ）、しかも、資金が10年も「寝る」可能性が大きいので、投資信託（販売手数料だけで3％程度、信託報酬で毎年1％台後半のものが多い）を売りたがるケースが多いのだが、「絶対に」銀行の投信セールスに乗ってはいけない。

銀行が売る投信はクズばかり

先の、個人向け国債変動金利10年満期型を例外として、銀行の店頭に買っていいと言える運用商品はない。特に投資信託には注意して欲しい。

しかし、銀行は金融危機の時にも預金が全て守られたし、金融債についても預金保険に入っていないのに保護された。「銀行で損をさせられた」という経験を持っている人は、証券会社と比べると圧倒的に少ない。

近年は、銀行で売っていて元本割れしている運用商品が結構あるが、顧客の側では、「（証券会社はともかく）銀行は信用していい」と思っている人が、まだかなりいる。

しかし、投資信託の銀行窓販が開始されてから、15年以上が経過して、今や銀行員も悪い意味で逞《たくま》しくなった。収益の目標を達成するために、手数料稼ぎの手段であるリスクの高い投資信託を、金融リテラシーの低い顧客に押し込むように販売する点について、今や、対面営業の証券マンと大差ない。そして、顧客の側は、まだ銀行員を信用している場合がある点で、始末が悪い。

たとえば、3年ほど前に仕事でご一緒したことがある女性のアナウンサーから、母親が先般退職したのだが、退職金をほぼ全額、一本の投資信託に投資して損をしているので、どうしたらいいかと、相談を受けた。

話を聞いてみると、米国のハイイールド債（信用度が低く、利回りの高い債券）に投資するのに加えて、通貨リスクをブラジルレアルにスイッチし、毎月150円もの分配金を出すタイプのファンドだった。

米国のハイイールド債だけでも結構なリスクがあるが、新興国の通貨であるブラジルレアルは、それだけで株式に100％投資するファンドくらいのリスクがある。つまり、この場合、退職金ほぼ全額を株式100％以上のリスクがあるファンドに投資した。

お母様は、分配金の利回りに惹かれて、銀行に勧められるまま投資し、リスクについては理解しておられなかった。ある大手信託銀行で販売されたという。たぶん、退職金が振り込まれた銀行なのだろう。

ちなみに、分配金の収入を上回る元本の値下がり損を娘に指摘された母親は、「毎月お金が入ってくるし、私はこれに満足している。それに、銀行の方から、長期投資なので、元本の変動には一喜一憂しなくていいと言われた」と答えたという。この担当者は「悪い奴」と言うしかないが、悪いなりに口が上手いことには感心した。この口先があれば、大手証券の支店営業でもトップセールスになれるだろう。

しかし、高齢者の退職金ほぼ全額を、しかもリスクを十分理解させずに販売することは、全く不適当であり、金融商品取引法に触れている可能性すらある。

銀行は、今や証券会社と変わらない「肉食系」の手数料ハンターとなった。加えて前述のように、銀行は、顧客の懐具合をよく知っているので、セールスを断りにくい。

そして、繰り返すが、銀行には、買ってもいいと思える運用商品が無いのだ。特に、店頭で取り扱っている物はひどい。

たとえば、数ある投資信託の中でも手数料が高めのものを選んで並べている印象だ。「銀行員の時間コスト」を考えると、仕方がないのだろう。

投資信託では、ネット取引専用のインデックスファンドで、ノーロード（販売手数料ゼロ）で運用管理手数料（信託報酬）水準が割合低いものがごく少数ひっそりと売られている場合がある。しかし、その種のファンドも、ネット証券でもっと手数料の安い同種のファンドを見つけられる場合が大半だ。

尚、運用管理手数料が高いので、最終的にはやはり買わない方がいいのだが、銀行で売っているのと同じ投資信託を買う場合に、たとえばネット証券で買うと手数料が格安か無料なことがしばしばある。同じ商品をわざわざ手数料の高い銀行で買うメリットはない。

銀行にＮＩＳＡ口座を持つのは損だ

２０１４年から始まったＮＩＳＡ（少額投資非課税制度）だが、取引口座は銀行ではなく証券会社に開くべきだ。前述のように、銀行には「いい運用商品」が全く無いことがその理由だ。

ＮＩＳＡは一人年間１００万円まで（２０１６年から１２０万円に拡大）の株式や株式投資信託などの収益に対する課税が5年間免除される制度だ。確定拠出年金など、ＮＩＳＡ口座以外の場所での資産運用との兼ね合いもあるが、ＮＩＳＡ口座での運用はＴＯＰＩＸ連動の国内株式インデックスファンドがベストの選択肢になる場合が多いはずだ。

この場合、最も良いのはＴＯＰＩＸ連動のＥＴＦ（上場投資信託）であるが、銀行は上場株式やＥＴＦを取り扱っていないので、ＮＩＳＡ口座でこれを買うことができない。

たとえば、銀行にＮＩＳＡ口座を作って、１００万円投資するとして、銀行員のアドバイスに従ったらどうなるか。多分、販売手数料が３％（税抜。以下同じ）、運用管理手数料が年率１・５％以上のファンドを勧められることが多いだろう。１年目には４万５０００円、２年目以降も毎年１万５０００円ずつ手数料を抜かれる計算となる。

一方、ネット証券にＮＩＳＡ口座を持ち、ＴＯＰＩＸ型ＥＴＦに１００万円投資すると、売買手数料が数百円、運用管理手数料は０・１％程度であるから、１年目が一千数百円、２年目以降は年間１０００円の手数料支払いだ（ＥＴＦを売る際にも数百円手数料がかかることも考えておくのが、比較上はフェアだろう）。当初の手数料に関しては、これを免除するキャンペーンを行うネット証券もある。

両者の差は運用にあって決定的だ。金融リテラシーの「有り・無し」の差に対する価格だと言っていい。

銀行に間違ってＮＩＳＡ口座を開いてしまった人は、銀行のネット取引専用の投資信託のラインナップの中に、ひっそりとノーロードで運用管理手数料が０・５〜０・６％程度のインデックスファンドがラインナップされている場合があり、こちらを選ぶと「被害」をかなり小さく抑えることができる。

実は、筆者は、あるメガバンクの預かり資産が５００万円以上で担当者が付いている顧客向けの講演の講師に呼ばれたことがあり、この話をしようとしたところ、事前に講演で使うパワーポイント資料を検閲した銀行の担当者から、「ウチの担当者が付いた顧客が、ネット取引に流れると困るので、その話は止めて欲しい」との話があった。

これは、銀行員が考えていることがよく分かるエピソードだと思う。話題がＮＩＳＡだから、割合最近の事例だ。

ちなみに、この時には、「せっかく時間を使ってセミナーに来る顧客には正しくてメリットのあることを伝えるべきだ。御行にとっても、正直がベストのポリシーである」と銀行員に説教して、この通りの話をさせて貰った。顧客と銀行、両方のためになるいいことをしたと思っている。

こうして銀行に関する注意をあれこれ書いてみると、「銀行員のお世話にならない」ことがいかに大切かが、あらためて分かる。

但し、筆者は、銀行に敵意を抱いているのではない。銀行員に無駄な時間を使わせないように心を砕き、彼らをプロ（顧客から収益を稼ぐプロ）として尊敬して、我が身から遠ざけようと言っているのだ。銀行員に意地悪をしろ、とは言っていない。

アフターフォローが必要なのは「カモだから」

「相手の立場になって考えなさい」とは何事においても強調されることだが、金融商品のビジネスにあっても、時々考えるべきことだ。

金融商品の売り手側で「いいこと」だと考えていることも、顧客の側から考えると疑問だったり、むしろ「悪いこと」であったりする場合がある。

ちなみに、この問題に関わる筆者自身のポジションは、ある時は売り手側（私はネット証券の社員である）でもあるし、ある時は投資教育サービスの供給者（私は大学の先生でもある）として「投資家の立場から損得を考えるとどうなのか」という視点で物事を見る。この件に関して性が悪いと思うのは、投資家のためのサービスや親切を装って売り手の利益のための情報を流す輩である。

たとえば、投資信託のようなリスク商品の販売にあっては、商品を売りっぱなしにするのではなく、顧客への「アフターフォロー」が大切だ、というようなことが売り手側ではよく言われることだ。具体的には、リーマンショックのようなイベントや相場の大きな変動などがあった場合に、顧客に経済・金融市場の状況と顧客が持っている金融商品（多くの場合、値下がりしている）との関係を説明するというようなことが、大切だとされる。

損をして怒っているかもしれないお客様から逃げずに電話などでコンタクトを取ること

は、見上げた心掛けだし、ビジネスとしては好ましいことには違いない。

しかし、顧客の側から見るとどういうことなのか。

そもそも、後から「アフターフォロー」を要するような理解の下でリスクを伴う金融商品を買ってはいけないというのが、「投資教育的には」正しい考え方だ。

過去、リーマンショックやギリシャ危機のような事態が起こった時になぜ為替レートが円高になったのか、といったことが他人に説明できるくらい十分に理解できているのでなければ、投資家は、為替リスクを伴う投資信託などお金を投じてはいけない。

もちろん、第一義的には、顧客の側の「自己責任」の範疇の問題であって、売り手が「悪い」というべき問題ではないのだが、アフターフォローが必要な顧客にリスク商品を売ったということ自体が、本来的には「いいことではない」。

フォローのためのコンタクトをありがたいと感じている顧客に、自分の状況を客観的に把握するだけの余裕はあるまいが、銀行員と会話して頷いているあなたは、獲物として相手の鍋の中で煮えているのだ。

今日、投信販売で大きな位置を占めている毎月分配型で通貨選択型の投資信託のような商品は、仕組みもリスクも複雑であって、金融・経済に通じていない高齢者などが、たとえば虎の子の退職金で購入していいような商品ではない。しかし、こうした顧客にも毎月分配型の投資信託を買わせているのが現実だ。
アフターフォローをする行員が皆悪いと申し上げるつもりはないが、銀行員の側でもそこに至る経緯を振り返り、せめて幾ばくかの「罪の意識」を持って欲しいものだ。

マネーのワンストップショップは危ない場所

このアフターフォローと似て、一見「いいこと」のようでいて、その正反対なのが、たとえば銀行側が自らを「マネーのワンストップショップ」などと呼ぶようなビジネス・スタイルだ。ネーミングは様々だが、顧客の家計の診断、資産の運用、保険、さらにはローンといった金融関連のサービス全てを1ヵ所で提供できます、ということをアピールしているわけだが、これは顧客の立場から見ると「危険な場所」だ。

投資教育の立場で申し上げると、個人の資産運用の基本的な手順は、

(1) 家計の分析
(2) 資産配分
(3) 商品選択
(4) 売買窓口の選択と投資実行
(5) 運用のメンテナンス

であるべきだ（詳しくは後の章でご説明します）。

ここで、個人がしばしば間違えるのは、（4）を先頭に持ってくることだ。典型的な例は、退職金の運用を銀行に相談するようなケースだ。「銀行だから、そう間違ったことは言わないだろう」「どこの金融機関で運用しても、どうせ商品には大差がないだろう」などと勝手に思い込む人がいるかも知れないが、それは誤った決めつけだ。金融機関によって取扱う商品も手数料も大いに異なる。

利用する金融機関を先に決めて運用を相談してしまうと、家計の分析や資産配分が金融機関側のビジネス上の利益で歪められてしまうことがしばしば起こる（多くは、不必要で過剰なリスクを取らされてしまう）。売り手側は、手数料を稼ぐことができるような条件に顧客を誘導する。

また、資産配分計画を実現するに当たっては、広い範囲の中から最適な（コストの安い）商品を選ばなければならないが、先に取引金融機関を選んでしまうと、その取扱商品の中に選択肢が限定されてしまい、適切な商品を選ぶことができない。

本当は、金融商品も、各社の商品をネットの情報で比較した上で、カカクコムで売値をチェックしてから家電製品とその購入場所を選ぶ賢い消費者のように購入するべきだ。今や、全く同じ投資信託を買っても、A社では3％の手数料を取られ、B社では手数料ゼロだ、といったことが頻繁に起こっている（1000万円の投資なら30万円の差が付く）。銀行で投資信託を買う人は、高級百貨店で家電製品を定価で買うくらい「賢くない消費者」だ。

便利そうに聞こえる「マネーのワンストップショップ」を利用することは、投資家の側から見ると危険な「囲い込み」の中に自ら飛び込むことであり、医療の世界でいうと、「セカンド・オピニオン」を遮断して、医者のいいなりで治療方針を選ぶような行為だ。

家計を分析してマネー・プランニングを作ることも、運用計画を立てることも、適切な運用商品を選ぶことも、保険の利用（あるいは節約）を考えることも、時にはローンを利用することも、個人にとってしばしば必要なことであり、この際に金融機関が持っている情報を活用することが必要な場合がある。しかし、顧客の側では、少なくとも、これらを一社に頼ることは極めて不適切なのだ。

他方、銀行の側から見ると、顧客の資金が他社に向かうことは避けたいし、他社と比較され競争させられることは歓迎できない事態である。彼らが顧客の「囲い込み」を放棄することは難しい。

感覚的にいって、運用における顧客の利害と取引金融機関の利害は、角度にして180度反対というわけではないが、90度くらいはズレている。

顧客が運用で儲けを手にすると、資産から発生するフィー収入は増えるだろうし、顧客が別の商品を購入してまた手数料を落とす機会も増える傾向がある。従って、顧客の儲けを手伝うことが可能なら、それは顧客と金融機関双方にとってのメリットにつながる。

しかし、金融機関としては、顧客の資産からできるだけ多くの手数料を取りたい。一方、顧客にとっては、手数料とはそのまま「マイナスのリターン」に他ならない。同じリスクを取るなら少しでも手数料の安い商品の方がはっきり良いというのが厳然たる「顧客の利益」だ。

また、一般にリスクの大きな商品や中身の複雑な商品の方が、大きな手数料率を取ることができる場合が多い。金融機関側がより多くの利益を上げようとすると、顧客に過剰なリスクを取らせようとする傾向がある。

本来、金融機関は、顧客との共存共栄を図る観点から、顧客の資産からどの程度のフィーを取ってもいいのかを考慮して経営上の戦略を決める必要があると筆者は考える。そして、顧客の資産運用の内容を考えると、その水準はあまり高くはないはずだ。しかし、この点に真面目に取り組んでいる金融機関の話を少なくとも日本では聞かない。

一方、一旦「マネーのワンストップショップ」に囲い込まれた顧客が、囲いを抜け出すことは容易ではない。現時点では、顧客の側が賢くなること以外に、根本的な改善の方法はない。

就職先として「銀行」はお勧めしない

個人と銀行との関わりを述べたので、ここで就職先としての「銀行」について考えてみよう。読者ご自身が銀行への就職をお考えかも知れないし、ご子息が銀行への就職を考えておられる場合もあり得よう。

アベノミクスによる景況感の改善で、銀行業界も当面、新卒者の採用に積極的だ。他方、学生から見た就職先として銀行の人気は相変わらず高い。たとえば、メガバンクの内定を取ると、（学校のレベルにもよるが）学生の間でも「就活の成功者」として評価されるようだし、親も喜ぶようだ。

但し、現在の金融環境は、これからの若手銀行員にとって必ずしも喜ばしい職場環境とはいえまい。

まず、現在、融資を巡る銀行間の競争は激烈であり、借り手に対する銀行の立場は強くない。たとえば、首都圏では、地元に十分な融資先がない関東圏の地銀がビジネスを求めて東京に進出しており、驚くような低利を提示するケースが頻繁にあるという。

また、銀行が利ザヤの確保に苦しんでいるということは、職場では、経費削減に向けた圧力が掛かりやすいということだ。

加えて、預金を集めても儲からないとなれば、投資信託のような商品を売って手数料を稼ぐ方向に向かわざるを得ないが、せっかく（証券会社でなく）銀行に入ったのに、顧客のためになるとはとても思えない暴利の商品を、場合によっては販売目標数字（要は「ノルマ」だ）に追われて売らなければならない。

銀行員に適性があるのは、（1）大人になっても勉強が苦にならない、（2）銀行内での出世を自分の価値観とできる、（3）ストレスを我慢することに自信がある、といったキャラクターを備えた人物だ。こういう人物が、人間として面白いか否かについてはコメントするまい。加えて、採用時の学歴等の序列がずっと付いて回る硬直的な人事評価システムを考えると、特に有利な学歴を持っている学生以外には銀行への就職は勧めにくい。

銀行とは、ある銀行員に対して、彼（彼女）の同僚について「どんな人ですか？」と問うと、「○○大学卒の××年入行で、一ヵ店目は△△支店で、……」とたちどころに返ってくる世界だ。入行時の評価の序列を持ち点としながら、人生を賭けた評価順位の入れ替え戦を延々と戦う。率直にいって、最初の持ち点が悪いと浮かび上がることは難しい。

古い話なので行名を秘するが、１９８０年代後半にある都市銀行で、人事部のミスで、採用時の評価序列が洩れたことがあった。この事件をきっかけに、２年目の行員が数十人単位でこの銀行を離職した。「自分は評価が高いと人事部から聞いていたのに、こんな順位ではやっていられない！」というのが、彼らの言い分だった。この件では、人事部長が更迭されたと聞いている。

あたかも犬という生き物が序列に敏感であるように、銀行員は「序列の生き物」だ。どの銀行にあっても、銀行という仕事に関わっていること、「当行」(自分達の銀行のことをこう呼ぶ)がプライドに思うべき素晴らしい組織であることを叩き込まれる。これは、個々の行員にとって喜ばしいことでもあるのだが、銀行業界では、銀行ごとの「格」がはっきりしている。格下の銀行に勤める銀行員は、他業界に勤める人々に対して無用なくらいのプライドに溢れているが、自分が勤める銀行よりも格上の銀行の銀行員に対しては、為す術のない劣等感を抱く。

１９９０年代に大手銀行同士が合併して「メガバンク」ができたが、もともと業界内の「格」的に上位にいた銀行の行員は、他行出身者に対して、「ナチュラルな優越感」を持っており、これを隠そうとしない。「基本的人権」が認められている中でも、人種差別があるような感じだと思って頂くと実態に近い。

銀行員、特に行内のエリートにとって最悪の事態は、自行が他行主導で合併されることだ。この場合、自行内でせっかく自分が確保していた人事序列、つまり銀行員人生の持ち点が反故にされてしまうことになる。

銀行員は、あたかも、自分の人生を人事部に預金して生きている。社内に於ける人事部の権威は、他業界よりも遥かに高い（たとえば、商社や外資系企業では、人事部は、採用・給与計算・研修といった仕事を受け持つ程度の「人事業務サービス部門」に過ぎない）。

また、第一線を退くのが他業界よりも5年位早い選手寿命の短い「人材の無駄遣い」とも呼ぶべき人使いが、筆者は一番気になる。たとえば、メガバンクでは50歳前後で大半の銀行員が出向になる。

筆者の大学時代のクラスメート（東大の法学部・経済学部なので元々の序列は有利な方だったろう）は20人以上が銀行に就職したが、年齢が50代前半の時点で、自分が就職した銀行の名刺を持っていたのは、ある銀行で役員になった1人だけだった。そして、彼も、50代半ばで、その銀行を去った。ドラマ「半沢直樹」では、「出向」という人事を、「銀行員人生の終わりの烙印」として描いていたが、他業界よりも早く「あなたは銀行員としての第一線から退いたのだ」と通告されるのは辛いのではないか。

ちなみに、大手商社では、役員ないし役員候補以外の普通の社員が役職を降りる「役職定年」は55歳で、「第一線」の期間が銀行よりも5年長い。

こうした、もともと就職先として勧めにくい長期的・構造的な要因に加えて、前述のように、当面の環境も銀行への就職を後押ししたくなるようなものではない。

筆者は、職業上大学生と接する機会が日常的にあり、しばしば就職に関する相談を受けるが、資産運用業務に関心が高い学生に信託銀行を勧めることを例外として（仕事を覚えて、もっといい職場に転職する手があるという前提条件の下でだが）、学生に就職先として銀行を勧めたことはない。

危険なこだわり、有効なこだわり

銀行の（「銀行以外の金融機関の」方が本当はいいのだが）賢い顧客になるために、重要なポイントについてご説明したい。

以下に、お金の運用に関する「こだわり」を7つ挙げてみた。これらの中には、あなたにとってのお金への「危険なこだわり」と「有効なこだわり」が混在している。どの「こだわり」が、危険なのか、有効なのか、しばし考えてみて欲しい。

【お金のこだわりのどれが危険で、どれが有効か？】

① 自分の「タイプ」に合った商品へのこだわり
② 運用目的や人生の夢に対するこだわり
③ 配当や分配金などのインカム収入に対するこだわり

④ **運用者の腕に対するこだわり**
⑤ **運用商品の手数料に対するこだわり**
⑥ **自分の買値に対するこだわり**
⑦ **接客に対するこだわり**

ところで、先日、行きつけの珈琲屋で馴染みの店員が珈琲を抽出しながらつぶやいた。「最近の『こだわり』という言葉の使い方には違和感がありますね。かつて、この言葉は、余計な物に過剰に固執するネガティブなニュアンスだったのに、最近は『こだわりの珈琲』みたいに良い意味で使うことが多いでしょう。あれには、どうにも馴染めません」。

たぶん、商品やサービスの宣伝に、意外性を持った強い言葉として「こだわり」を使い始めて、それが広く受け入れられたために、最近では「こだわり」がむしろポジティブな意味に使われるようになったのだろう。

さて、読者の結論は出ただろうか。しばし、美味しい珈琲でも飲みながら、読者なりに理由も一緒に考えてみて欲しい。

①投資家の「タイプ」で運用商品を選ぶな

自分は若いか、高齢者か、投資の初心者か、ベテランかといった自分の属性・タイプによって、自分に合った運用商品があるのではないかと思っている人が多い。

この思い込みは、メディアによって増幅されている。最近の株価の上昇を受けて、雑誌・新聞などがお金の運用を特集することが増えているが、この際に、「年齢」「運用知識・経験」「リスクに対する好み」などで、投資家をタイプ分けして、それぞれのタイプに合った運用商品を提示するというフォーマットの記事が多い。

筆者にあっても、こうした記事で取材を受ける場合、投資家がタイプ分けされていて、それぞれのタイプに対してお勧めの運用商品を挙げるように依頼される場合が多い。

しかし、お金の運用の目的は、趣味として楽しむ場合を除くと、「なるべく確実に、お金をより増やす」という以外のものではあり得ない。老若男女、初心者・ベテランの別を問わず、これは一緒だ。そして、同じ商品を、同じ時期に、同じ金額持てば、誰が持っても得られる損得は同じだ。

運用商品の場合、ファッションのように、若者向けの服とか、フォーマルな装いとか、デブに似合う服（無いか?）、といった「個性」と「商品」との相性があるわけではない。

たとえば、初心者向けの運用商品など存在しない。初心者であっても、手数料コストが嵩《かさ》む商品は不適当だし、非効率的なリスクの取り方をした商品も要らない。「私は、運用初心者だから、初心者に向いたものがあるはずだ」という甘えた思い込みは心に余計な隙を作るだけだ。

投資家の側で盲点になりやすいのは、「リスクは投資金額で調節することができる」（そして、それがより確実で効果的だ）という点だ。

もちろん、金融機関の営業にあっては投資家と商品に関して「適合性の原則」を守らなければならないことになっているが（たとえば高齢者に理解が困難な複雑でハイリスクな商品への投資を勧誘してはならない）、投資家の側からすると、「リスクに対する期待リターンの効率が最もいい商品（の組み合わせ）」を必要なリスク分だけ購入すればいいのであって、世にある運用商品の殆どは不要であり、知らなくてもいいものだ。

「投資家のタイプに合った運用商品がある」というイメージは、運用会社・販売会社が、必ずしも投資家にとってベストではない商品をセールスするために流布しているフィクション（作り話）である。彼らから広告が欲しいメディアはともかく、投資家の側で、このストーリーに付き合う必要はない。

①の「自分の「タイプ」に合った商品へのこだわり」は、無用であり、時には危険なこだわりだ。

②目的や夢でお金の増え方は変わらない

運用で増やしたお金を何に使うのかによって、適切な運用方法・運用商品が変わるというのも投資家が陥りやすい余計な先入観だ。

金融機関やＦＰ（ファイナンシャルプランナー）などによる運用相談では、顧客に将来何をしたいのか「夢」を語らせて、これと運用とを関連づけるケースが少なくないが、これは、一つには相談を受ける側が運用そのものに関して語るべき内容を持っていないから場つなぎに話しているのだろうし（悪意のある推測だが、当たっていると思う）、もう一つには「この運用（ないし運用相談）はあなたの夢を実現するためだ」として顧客をつなぎ止めようとするためだろう。

お金の長所は、後から使途を自由に決められることだ。効率よく増やしておいて、使途は後から考えたらいい。

たとえば、子供の学費は学資保険よりも効率のいい運用で作る方が良かろう。また、がん保険によらなくても、健康保険（「高額療養費制度」を確認して下さい）と貯金があればがんの闘病に対応することができるし、がんに罹らなかった場合、がん保険に掛けたはずの保険料を貯蓄しておけば、将来、旅行にでも使うことができる。

また、たとえば、子供の学費と自分の老後の生活費を分割して、それぞれに蓄えて別々に運用する必要はない。余計な分割は分散投資の効率を損ないかねない。加えて、資金の使途と運用商品を結びつけて考えることで、金融機関側の商売に嵌《は》まって、余計な手数料を支払ってしまいがちになる。

たとえば、確定拠出年金で「ライフサイクルファンド」と称するバランスファンドがラインナップされていることがあるが、この商品のネーミングを「老後の備えにぴったりだ」と判断すると、確定拠出年金の節税運用のメリットが最大化できないし、割高な手数料を支払うことになる。

②の「運用目的や人生の夢に対するこだわり」も余計なこだわりだ。お金は、合理的に扱うべき「手段」に過ぎない。扱い方に「目的」や、まして「夢」など関連づけない方がいい。

③金利生活者の夢を見るな

高齢者の資産運用は、利息、配当や分配金などのインカムゲインを目指すものを中心にすべきだという通念は、率直にいって古い考え方だ。ポートフォリオにまで歳を取らせる必要はない。

しかし、金融商品のセールスにあってこの先入観は、フルに活用されている。

愚かな顧客は、昨今の毎月分配型の投資信託を、「分配金を、公的年金を補完する自分年金とすると分かりやすい」などといった甘言に乗って購入してしまう。元本では株価指数並みのリスクを抱え、信託報酬だけでも年率1・5％を超えるような暴利と言っていい手数料を払う残念な状況に陥ってしまう。

仕組み商品を知っていると、インカムゲインとキャピタルゲイン（株式、投資信託などの値上がり益のこと）はいくらでも簡単に入れ替え可能なものだと分かるし、インカムゲイン中心で大きなリスクを持つ運用商品は幾らでもある。インカムゲインを目指す運用が、穏健で健全なものだという先入観は間違いの元だ。そもそも、お金に関する判断では、インカムゲインとキャピタルゲインは「合わせて考える」のが絶対の大原則だ。

③「配当や分配金などのインカム収入に対するこだわり」は意識的に捨てるべきで、危険なこだわりだ。

銀行の投資信託販売にも関係して、この問題は、クイズの答えだけで終わらせるにはあまりにも重要だ。もう少し詳しく説明したい。特に高齢者に対して、配当・分配金指向のマネー運用を完全に卒業すべきだと強調したい。「高齢者＝インカムゲイン中心の運用」という公式は完全な誤りなのだ。

しかし、半世紀くらい前で言う「金利生活者」のイメージを持つのだろうか。仕事を引退した高齢者は、インカムゲイン中心のお金の運用を行うべきだと考えている方が少なくないし、引退に向けて、徐々にそのような運用に移行すべきだと信じている人もいる。利息、配当、分配金など投資対象から定期的に支払われる現金収入による利得を「インカムゲイン」と呼ぶが、高齢者の運用は、「キャピタルゲイン」を狙う運用ではなく、インカムゲインを獲得することを目指す運用とすることが健全なのだと考える通念が広く流布している。

バートン・マルキール『ウォール街のランダム・ウォーカー』（井手正介訳、日本経済新聞出版社）は学者が書いた優れた投資の啓蒙書だが、たとえばこの本の中に「五五歳までには定年後に備えた生活設計にとりかかり、利子・配当収入を中心にしたポートフォリオに切り替えるべきだ」（訳書417ページ）といった記述がある。FPも同様の内容をアドバイスする場合が少なくないようだ。また、確定拠出年金向けの「ライフサイクルファンド」などと称する商品でも、投資家が高齢になると債券比率を高めるような運用に移行するものが多い。率直にいって、運用の世界では多数派に属する「常識」だ。

しかし、投資信託では、元本に負わせるリスクを大きくして、インカムゲインを大きく見せる商品設計が何通りも可能だし、金融工学を使ったデリバティブ（派生）商品（仕組み債券、仕組み預金、など）では、インカムゲインとキャピタルゲイン（キャピタルロス）を自在に入れ替えることができ、リスクを取ってインカムゲインに換えることもできる。

そして、前述の古い常識と現在の金融技術のギャップが、金融業界が顧客を「釣る」上で大規模に悪用されているのが現状だ。

国内の預金と（普通の）債券と株式くらいしか一般的な投資対象が無かったせいぜい新しくても1960年代くらいまでの米国でできた「運用常識」は、大いに疑うべきであり、新しいバージョンのものに書き替える必要がある。

お金は、どのように稼いでも1円は1円だし、使い道は後から決めることができる。インカムゲイン、キャピタルゲインの何れで稼いでも1円は1円だ。税金なども考慮した上で両者の「合計」で損得を考えることが大原則であり、ここから逸脱しようとすると隙を突かれて損をする。

先入観を素直に捨てるなら、インカムゲイン狙いの運用がおかしいということを理解するには、中学卒業時点の学力があれば十分お釣りがくるはずだ。

預金を取り崩すのに抵抗感があって、投資信託の分配金の形なら抵抗感無しに使えるという感覚は、行動経済学（人間の間違いを研究する経済学。後の章で説明する）的には分かるが、伝統的な経済学（人間が合理的だと仮定する経済学）では判断を間違えた単なるバカだ。そして、「損得」の判断にあっては、伝統的な経済学の合理性に従うのがいい。

ちなみに、後から「損だった！」と分かることは、行動経済学的にも大変悔しいことだとされている。

④運用者の「腕」は幻想だ

さて、クイズに戻ろう。

株式投資にあって、平均よりも儲かる個別の銘柄を選ぶことが難しいと気付いている人も、投資信託のファンドマネジャーの上手・下手を自分が評価できると思っている場合が多いのはどうしたことか。両者は、どちらかでも確実に可能なら確実に儲けることができるという意味で同じくらい価値の高いスキルだが、同じくらい難しく、確実にできる人はほぼいないし、いたとしてもその能力は他人のためには使わないだろう。

アクティブ運用の上手いファンドマネジャーを選ぶことにゲーム性を伴う楽しみがあることは否定しないが、率直に言って、それなら株式投資そのものを自分でやる方がずっと面白いように感じる。

お金を増やす運用戦略の適否で考えると、「運用の上手いファンドマネジャーを自分は事前に選ぶことができる」という勘違いに対して、アクティブ運用の高い手数料を払うのは無駄だ。各種のファンドのランキングやレーティングも、良いアクティブファンドを

「事前に」選ぶ上での参考にはならない。

また、上手い運用者を選別する力を養おうと努力することは、体でいうなら、筋肉の付かない部位を筋トレするくらい無駄なことだ。運用でも、人生でも、努力は改善が可能な分野に集中するのがいい。

④「運用者の腕に対するこだわり」は、無用で有害なこだわりだ。

⑤手数料には徹底的にこだわれ!

7つの「こだわり」の中で、手数料に対するこだわりだけが、唯一ポジティブな意味で評価できる「こだわり」だ。

ところで、「こだわり」と共に意味が引っ繰り返って使われている言葉に「やばい」がある。もともとは、「大変だ」「まずい」といった、ネガティブな意味だったが、近年、若者を中心に、しばしば「ポジティブに凄い」という意味で「やばい」を使うようになった。実は、この⑤「運用商品の手数料に対するこだわり」は若者が使うような意味で「やばい」くらい有効なのだ。その理由は、このこだわりによって、9割以上の運用商品をはじめから購入の検討対象外として整理できるからだ。

運用商品のリターンを分解すると、「市場リターン+運用者の腕のリターン-手数料」

である。ここで、前項で述べたように「運用者の腕のリターン」が事前に評価できないとすると、運用商品のリターンは、「市場リターン」（の予測）と「手数料」に分解できる。

そうすると、「市場リターン」が共通な商品は、「手数料」の大小だけで優劣が決まってしまう。この事情は、同じ通貨・金利で、為替の手数料が異なる外貨預金の優劣を考えると分かりやすいだろう。為替手数料がより大きな外貨預金は、手数料のより小さな外貨預金と比較して、「円安の時は儲けがより小さく」、「円高の時は損がより大きい」ので、常にダメな商品だと分かり、最初から除外することができる。

率直にいって、普通の個人が銀行の店頭で利用できる外貨預金は、上記の意味に於いて、外貨建てMMFやFX（外国為替証拠金取引）と比較して「常にダメな商品」である場合が殆どだ。

たとえば、「国内株式」に投資する投資信託を評価する場合、「運用者の腕のリターン」は評価できないのだから、手数料がより大きなファンドをはじめから購入対象候補から除外することができる。これは、投資家にとって「やばい」くらい素晴らしいポジティブな話で、運用会社・販売会社にとっては言葉の原義に近い全く「やばい」ネガティブで不都合な話である。

⑥「買値」を気にするのは恥ずかしい

時にはプロのファンドマネジャーも含めて、投資した対象の自分の買値に対するこだわりを克服できない人は多い。

しかし、投資対象の今後のリスクとリターンは自分の過去の買値からは何ら影響を受けないのだから、投資の判断は、自分の買値に関係なく行わねばならない。自分の買値を気にして売り買いを決めようとする行為の意味は、自分の買値が市場価格（たとえば株価）の将来に関係していると錯覚しているような、自意識過剰の天動説的錯誤なのだ。「恥ずかしい」と考えて、この悪習から離れるように努力しよう。

結論を言ってしまうとこれだけのことなのだが、これができずに、株式や投資信託をいわゆる「塩漬け」にしたり、安値で買い増しする「ナンピン買い」でリスクを膨らませたり、といった非合理的な行動に陥るケースが非常に多い。

逆に「利食い千人力」という相場格言があるように、自分の買値よりも値上がりしていれば気軽に売っていいとする心理は、余計な売買コストにつながって、運用のパフォーマンスを損ないがちだ。

一般投資家には、「自分の買値へのこだわりを捨てて行動できれば、運用の上級者である」と言って励ましつつ、合理的な判断と行動を取るように促すのだが、「私は問題なくそうできます」と宣言する方には滅多に会わない。

⑥「自分の買値に対するこだわり」は、無用であるだけでなく、危険でもあるこだわりなのだ。

⑦自分を神様だと思うお客様はバカ

日本では「お客様」が偉いことになっているせいか、金融機関や時には運用会社が、顧客である自分をどのように扱うかに対する「こだわり」を持つ人が少なくない。

しかし、「自分は客であるから、丁寧に遇されて当然だ」という意識は、しばしば金融機関の営業の術中に嵌まる原因になる。

銀行の窓口で「○○○のような商品にご関心がおありですか」と訊かれて「ええ、一応」と答えてしまって、その後に時間を使って丁寧に話をされると、運用商品を購入しなければ申しわけないような気持ちになることがある（だから、銀行員と顔を合わせてはいけない）。

また、価格が変動する商品を購入した場合、その後の相場変動に関する情報の「顧客フォロー」があるべきだと思っていると、フォローの形を取った次の商品のセールスを受けてしまう隙ができる。

生命保険の場合、契約から2～3年経った時に、セールスレディ（マン）が訪ねてきて、新しい特約が付いた商品や、保険料を節約できるように見える商品を紹介してくれる「アフターフォロー」に感激する客がいるが、彼女（彼）らは、もう一度営業行為に見合う手数料を稼ぎたいだけだ。

豪華な応接室も、セールスマンの電話も、セールスレディの訪問も、窓口での説明時間も、金融機関の顧客との接触には全てコストが掛かっており、そのコストは商品やサービスの実質的な手数料の中から回収される。場合によっては、自分の前に商品購入を断った客に掛かったコストの分まで、商品購入を通じて自分が支払ってやるような立場に陥ることもある。「客扱いされる」ということは、「客らしい対価の支払いを期待されている」ということに気付くべきだし、そもそもセールスしなければ売れないような商品にろくなものはないのだから、金融マンとのやり取り自体が時間の無駄なのだ。

「お客様意識」はしばしば無用な隙を作ることにつながる。日本の消費者に共通する大きな弱点だ。⑦「接客に対するこだわり」は余計で且《か》つ有害だ。

お金の運用、7つのツボ

さて、銀行に対する付き合い方から始まって、銀行の顧客に対して「この点に気をつけて欲しい」と思う点をご説明してきた。ここで、現代の個人客が自分のお金を扱う上で弁《わきま》えておくべき「常識」を7つ挙げて、本章のまとめとしよう。次章以降の詳しいお金の話への予告編でもある。

以下の7つの常識の中に、「それは、ちがう!」と思うものがあったら、たぶん、その近辺にあなたが騙されやすいツボがあるはずだ。銀行の支店に行く前に読み返して欲しい。

(1) 年齢と運用方法は基本的に無関係だ。高齢者向け、若者向けといった年齢別に最適な運用商品、運用方法といったものは無い。

(2) 資金使途と運用方法も概ね無関係だ。老後資金と子供の学費は同じ運用方法でいいし、そもそもお金を分けて運用することが無意味だ。

(3) リスクを取る大きさは、運用商品の種類ではなく、リスクを取る運用商品に投資する「金額」で調節するのがいい。

(4) 運用商品を購入するかも知れない相手(銀行、証券会社、保険会社、FPなど)にお金の運用を相談してはいけない(「無料相談」もダメ!)。

(5) 配当や分配金を使うのも、自分が持っている普通預金を取り崩すのも、同じ金額を使うなら、経済的な意味は同じ。預金がある人（たいていはあるだろうが）には「分配金のニーズ」など無い。

（6）株式や投資信託は、お金が必要だと思えば、自分が買った値段より安く売っても全く問題無い。

（7）同じ市場に投資するに当たって手数料がより高い商品は「それだけで」ダメ。「手数料は高いが、運用は上手い」という運用商品を事前に選ぶことはできない。

第二章　銀行員には不都合なお金の真実

現実の金融商品やサービスとの関わりを含めると、銀行の顧客である読者が、失敗をしないために、よく理解しておく方がいい事柄が幾つかある。そして、これらは、しばしば銀行がビジネス上力を入れている商品やサービスに関連している。

本章で説明する話の多くは、銀行員にとって顧客に知られたくない事実だろう。だが、敢えて言おう。銀行員も、真実とその仕組みを知った上で、自分のビジネス上の振る舞いを考えるのがいい。それは、長期的には自分のためだろうし、銀行の上司や経営者に直ぐに理解して貰えるかどうかは不確実だが、あなたが愛する銀行の経営のためでもある。

本章では、銀行が扱う商品やサービスに関連する話で、顧客の側で本来知っておくべき幾つかのテーマについて少し深く説明する。

目的別の資金運用を疑え！

筆者は小学生時代に天体望遠鏡で星の観測をしていた時期がある。その頃のある夜、天文仲間の１歳年上の少年が筆者に訊いた。「ヤマザキは、流れ星が流れている間に何を願うの？」。

流れ星が流れている間に願い事を言うと、これが叶うという言い伝えに基づく問いだが、筆者はいい答えが思いつかなかった。「だいたいは、願いを考えている間に、流れ星が消えてしまうな」と答えると、その少年は自信満々に次のように言い放った。「俺はね、流れ星を見たら、『カネ！　カネ！　カネ！』って言うことにしているんだ。お金があれば、使い道は後から考えたらいいだろ」。

新聞配達のアルバイトで天体望遠鏡を買った苦労人の友人だった。当時は、「一本取られた」と思いつつも、随分大人びた答えだなあ、と思っただけだったが、後年、これはなかなか深い考察に通じていることに気がついた。お金は、様々なものに使える柔軟性を持っている。

前章でも申し上げたが、重要なので繰り返す。お金自体には、色が着いていない。お金に色が着いているかのような考え方は、個々人の非合理的なこだわりに過ぎない場合が多いし、もっと言うなら「お金の色」は、金融商品・サービスの売り手によって作られ、演出されたものである場合が多い。あるいは、十分な知識が無いFPが、顧客との話を保たせるために、将来の顧客の予定だの、夢だのを、語らせる場合もある。

資金運用についてアドバイスをする場合、あるいはセールスをする時に、資金運用の目的を尋ねたり、ライフ・プランについて検討したりすることが多いし、むしろそうせよと推奨されている。しかし、そもそも資金運用に「多様なニーズ」などあるものだろうか。

資金運用の「ニーズ」は、究極的にはお金を増やすことにあり、付随的にこれをなるべく安全・確実に行うことにある。これ以外にない。

若手サラリーマンでも、高齢富裕層でも、ベテラン投資家でも、投資の初心者でも、基本的な「ニーズ」は同じなのだ。

お金を作ってくれるのが、流れ星であっても、投資信託であっても、できたお金は生活費にも老後資金にも子供の教育費にも医療費にも使える。

また、個人の資金はただでさえ十分な分散投資を行う上で不足する場合が多い。それなのに、子供の学費に幾ら、家の改築用に幾ら、老後の備えに幾ら、と自分の資金を使途別に分けて運用すると、運用の効率が悪くなる。

運用で問題なのはあくまでも「運用全体」が効率的で且つ流動性に問題がないかだ。

企業の場合、会社全体としてリスクを取る投資の額をコントロールしつつ資金を有効活用し、同時に、資金繰りが円滑に行われるように配慮する。個人のお金のコントロールも、同様の考え方でいいし、それが合理的だ。

たとえば、年金を受給している高齢者に、年金額を補う「ニーズ」が運用にあるかのように仕立てて毎月分配型の投資信託を売るようなセールスは、金融機関の種類を問わず広く行われている。

しかし、高齢者の側から見ると、売り手側がでっち上げた「分配金ニーズ」に誘導されて、大きなリスクを取り（しかも、しばしばその中身を理解せず）、分厚い手数料を払う（下手をすると期待リターンはマイナスだ）毎月分配型投信のような運用商品に投資することは、非効率的で賢くない。

同じ内容と大きさのリスクで良いなら、もっと期待リターンが高くて手数料コストが安い運用方法があるし、その一方で、毎月の現金のニーズに対しては、預金を取り崩して対応すればいい。

「運用全体」として考えるとしても、資金のマネジメントとしても、その方が、遥かに効率がよく合理的だ。本来ＦＡ（ファイナンシャルアドバイザー）はこうした考え方こそを、顧客にアドバイスすべきだ。

尚、運用の「期間」が問題ではないかと考える向きもあろうが、小回りが利く個人の資金の場合、数年単位の運用期間は十分に長期だし、株式でも投資信託でも必要な時には数日で現金化できるので、「資金使途に合わせて、運用方針を当てはめる」というアプローチは必要がないばかりか、不適切なものになる公算が大きい。

近年では、たとえばＮＩＳＡ（少額投資非課税制度）などに関する雑誌や新聞の記事を見ると、「ライフ・プラン別」とか「投資経験別」といったカテゴリーを作って、様々な運用商品を売りつける手伝いをしようとしているのではないか、と思わせるような、金融論的には無意味な記述が多い。読者よりも、広告主になり得る金融機関の方を向いて記事を作る記者や編集者が少なくないのだろう。

ＮＩＳＡの場合も、全体としてリスクを適正化する運用の中で、期待される節税効果が大きく、長期保有するであろうと予想される部分をＮＩＳＡに「割り当てる」考え方で、正しい運用が簡単に計算できるはずなのだが、銀行をはじめとする金融機関は、本質的でない「運用ニーズ」をでっち上げて、顧客から手数料を巻き上げようとしているし、メディアはしばしばその片棒を担いでいる。

金融機関が、マーケティングの一環として、「顧客ニーズ」を作ることは、ビジネスとしては理解できるところだが、ＦＰやＦＡを名乗る諸氏が、顧客だましに一役買っている姿は、まことに見苦しい。合理的な運用が分からないのか、金融機関におもねっているのか、判断に迷うところだが（案外前者が多いと、筆者は睨んでいる）、どちらでも専門家として情けないことに変わりはない。

こうした話は、銀行員だけでなく、金融機関にお勤めの方々には不都合な内容だろう。ビジネスとしての金融機関が顧客からより多くの手数料を取ろうとすることは、売り手にとって経済合理的だし、この際、顧客の様々な「資金運用ニーズ」をでっち上げて、これに運用商品を当てはめるやり方が効果的な場合もあるからだ。

筆者としては、金融機関の皆様に、顧客側の合理的な損得についても十分知った上で、そこからどこまで逸脱してもいいかを判断した上で、ビジネス上の適正利益を考えて欲しいと申し上げたい。

顧客の側では、資金の使い道を棚上げして、運用の合理的効率を分けて考える思考習慣を持つことが大切だ。


バランスファンドは「初心者向き」でも何でもない

バランスファンドとは、内外の株式・債券など複数のアセットクラス（資産分類）に投資する運用商品のことだ。

商品それ自体として評価すると、株式１００％のファンドよりもリスクが小さくて投資家から見て無難（精神的に）であり、商品を販売する側から見ても後のクレームのリスクが小さい（ように思える）。また、資産クラスの配分を決める「アセットアロケーション（資産配分計画）」は、投資に不慣れな人にとっては難しく感じられるので、これをファンドの運用側でやってくれるバランスファンドは、初心者にとって気が楽な商品だといえる側面がある。

こうした性質から、バランスファンドは「初心者向きだ」という声がある。

また、2014年から導入されたNISAでは、5年間の非課税優遇期間中に対象資産を売却した場合に、非課税枠がその分だけ縮小してしまう制度設計になっている。運用期間を通じて資産配分を調整する投資行動を「リバランス」と呼ぶが、バランスファンドは、NISAでもリバランスを可能にするので、「NISAに向いた商品だ」と言う向きがある。マネー誌や経済新聞などのNISA関連の記事に、こうした見解がしばしば掲載された。

しかし、バランスファンドが「初心者向け」だというのは嘘だし、「NISAに向いている」というのは明白な誤りだ。

これらの嘘や誤りを理解するためには、何れも難しいことではないのだが、お金の運用に関して3つの「物の見方」に気づく必要がある。

列挙すると、以下の通りだ。

（1）投資家はリスクを投資金額で調整できる。

（2）投資家にとって大切なのは自分の資産の「一部」ではなく「合計」だ。

（3）投資家は運用の中身を知らないよりも知っている方がいい。

それ自体としては、理解に何ら専門知識を要しない当たり前の話だ。

たとえば、現在450万円の金融資産を持っている会社員がいて、この中の300万円を株式などのリスク資産の運用に回してもいいと思っているとしよう。

そこで、300万円全額を国内株式で運用する投資信託に投じると、投資信託のリスクがTOPIX（東証株価指数）並みだとして、運用環境が悪い場合には、1年後に100万円くらい損をする可能性がある。「これでは、リスクが大き過ぎる」と思った場合には、300万円を丸々もう少しリスクの小さな商品に投資する選択肢の外に、たとえば国内株式に対する投資額を150万円に半減させるような「リスク資産投資の減額」の選択肢がある。バランスファンドは、前者の選択肢として考えられる。

さて、どちらがいいのか？

リスク管理の一般論として、投資額の縮小は最もシンプルで確実な方法だ。他方、バランスファンドに投資した場合、運用の中身が実際にどうなっているのかが把握できないことが多いし、ある時点で中身がよく分かったとしても、今後はどうなるのかについて曖昧さが残る。

リスクの把握が「難しい」ということは、少なくともバランスファンドは「初心者向け」ではない、ということだ。

バランスファンドを売る場合でも、金融機関はリスクについて説明しなければならないし、投資家はリスクを理解して投資すべきだ。「バランスファンドは初心者向けだ」と言うのは、「初心者は自分の投資のリスクを理解できなくても、コントロールできなくても構わない」と言っているのと同じだ。客はバカでいてくれる方が好都合だという、売り手側の汚い本音がそこには見える。商売の都合に目がくらんで、このことに気がついていない金融マンが少なくないのは残念なことだ。

さらに現実的な優劣を付け加えると、バランスファンドに投資するよりも、バランスファンドと同等のリスクを自分で組み立てる方が「安上がり」だ。たとえば、株式・債券（含む現金）に半々に投資するバランスファンド（リテール向けの投信だと信託報酬は1・0%くらいが多い）に投資するよりも、半額をインデックスファンド（ETFだと0・1%くらいだ）に投資し、残りで個人向け国債でも買っておく方が、支払手数料の総額は遥かに小さく抑えられる。

NISA口座でバランスファンドを買うのも正しくない。

NISAは運用益が非課税になる仕組みなので、自分の運用全体の中で期待リターンの高い資産の運用をNISA口座に集中させることが「得」になる。

たとえば、450万円の金融資産中、150万円分株式ファンドを買ってもいいと思っている人は、NISAに100万円分株式ファンドへの投資を集中させて、残りの50万円をＮＩＳＡの外の一般口座で株式ファンドに投資し、あとの３００万円を元本割れしない運用に回すといった運用を行うことで、自分の運用の「全体」を最適化することができる。

ＮＩＳＡ口座内でバランスファンドに投資すると、ＮＩＳＡの非課税のメリットを薄めてしまうことになる。

これだけ明白な優劣があるのに、マネー誌や経済新聞が、あたかもバランスファンドがＮＩＳＡの有力な選択肢であるかのような記事を載せるのは、記者が不勉強なのか、あるいは、しょせん広告主である金融機関に迎合しているのか、何れなのか理由は分からないが嘆かわしい。

尚、バランスファンドを擁護する最後の論拠として、「プロによるアセットアロケーションの付加価値」があり得るが、資産配分のタイミングで安定的に成功する運用者を見つけることが難しいのは、資産運用業界の常識だ。だからこそ、年金運用などプロがプロに資産運用を委託する世界では、スポンサー自身が資産配分を決めて、アセットクラス（「国内株式」「外国債券」といった大まかな資産の区分を指す）ごとに運用を任せる相手を選ぶスタイルで運営することが、機関投資家の運用の世界の標準になっている。

賢い投資家も、賢くない投資家も、バランスファンドには近づかない方がいい。

ドルコスト平均法はなんら「有利」ではない

この項目は、読者の既存の常識と対立する話であるかも知れないので、頭を柔らかくして読んで欲しい。

テーマはドルコスト平均法だ。ドルコスト平均法とは、同一の投資対象について、定期的に一定金額の購入を行う積立投資の方法として有名なものだ。同一株数（投資信託なら同一口数）を買い付け続ける方法よりも、平均買い単価が下がるので有利だなどと推奨されることがしばしばあるし、「積立投資の王道だ」と言う人もいる。

しかし、ここで申し上げたい結論は、「ドルコスト平均法は、特段有利な投資方法ではないし、時には、弊害もある」ということだ。

まず、有利・不利を考えるためには、比較の対象と評価の基準が必要だ。ドルコスト平均法での投資と、期初の一括購入による投資を比較するのは、「金額×時間」が異なる運用を結果の損益で比べる点で不適切だ。大まかに言って、全体が下げ相場であれば、一括投資の不利は当然だし、運用期間中の平均投資額が少なくなるドルコスト平均法のリスクが小さいのは当たり前だ。

以下、説明の都合上、投資対象を株式とするが、株式が投資信託でも金でも外貨預金であっても理屈は同じだ。

さて、金融論的に言って、運用に関する妥当な評価基準は、リスク当たりの超過リターンだろう。この観点では、何時、幾らで買った株であっても、同じ時点で同じ株を保有しているなら、保有している金額に対する収益率の動きは同じであり、有利も不利もない。

特に、長期投資の場合、大きな問題は、その時（月）の買値よりも、これまでに積み上がったポジション全体が晒されているリスクと期待リターンだ。「ドルコスト平均法をやっているので、リスクが抑えられているはずだ」と思っていても、既に買ってしまった株や投信のリスクが小さくなることはない。

こう言ってしまうと身も蓋もないが、ドルコスト平均法は「平均買いコスト」に投資家の視点を集中させることで、投資対象が値下がりした時の「気休め」をあらかじめ提供する投資方法に過ぎない。

敢えて、多少は意味のある比較を考えるとすると、「定期的等金額投資」であるドルコスト平均法と「定期的等口数投資」（たとえば一定の株数を定期的に買い付ける方法）だろうか。

これも、株価の変化によって投資金額自体が変わってしまうので、正確な比較とは言い難いが、有利不利を決めるのは、時系列リターンの自己相関だ。配当を無視すると、株価が上がった（下がった）後に株価がより上がり（下がり）やすくなる場合にはリターンの時系列の自己相関はプラスであり、逆の関係がある場合はマイナスだ。前者の場合「等株数投資」が有利で、後者の場合は「等金額投資」が有利だ。

それでは、現実の株式の時系列リターンの自己相関はどうなのかというと、ほぼゼロであり、安定的なプラス・マイナスの傾向はない。

ここまで、筆者は、「ドルコスト平均法が、『有利』な方法なのではない」ということを説明したのであり、「ドルコスト平均法が悪い」とまでは言っていない。「投資家の気休めになるなら、ドルコスト平均法はいい方法だとしておく方がいいのではないか」と思われる読者がいるかも知れない。

筆者も、ドルコスト平均法が、積立投資のルールとして実行しやすいことの長所を認めなくはない。しかし、有利でないものを有利だと過大評価すると弊害を見落とす。弊害が起こるケースを説明しよう。


弊害その1。ドルコスト平均法による投資は、十分な運用資金がある場合に、機会損失につながることがある。たとえば、資金を2００万円持っていて1００万円を株式投信で運用していいと思っている人がいるとする。彼が、この1００万円を毎月1万円ずつドルコスト平均法で投資することの馬鹿馬鹿しさは、直ぐにご理解頂けよう。20万円ずつ5回に分けて投資するのでも、理屈は一緒だ。

弊害その2。余計に手数料が掛かることがある。売買に手数料が掛かる場合、最終的に同じ金額を投資するとしても、売買回数を増やして、1回当たりの金額を小口化すると、支払う手数料が増えることもご理解頂けるだろう。

弊害その3は、リスクの集中だ。リスクを低下させるためにドルコスト平均法で投資するなら、投資するごとに買い付ける対象を変えた方が、分散投資の効果が働いて好ましいはずだ。「ドルコスト平均法は有利だ」、「ドルコスト平均法だからリスクが抑えられている」と考えて、同じ投資対象に集中投資するとすれば、これはドルコスト平均法の弊害だといっていい。

筆者が間近に見た「弊害その3」の印象的なケースは、山一證券の社員の社員持株会での自社株投資だった（1997年の自主廃業発表当時、筆者は山一證券に勤めていた）。職場と収入と資産を同時に失った者もいた。証券会社の社員なのだから「自己責任だ」と言うしかないが、通常、社員持株会の説明パンフレットには、ほぼ必ずドルコスト平均法の効用が説かれていることを思うと、これは無視できない弊害だ。

ところで、少なくとも、有利な投資方法ではなく、時に弊害もある、ドルコスト平均法が優れた投資方法であるかのように説かれ続けるのはなぜか。

一つには、自動的な積立が貯蓄のための習慣として優れていて、ドルコスト平均法がこれと相性がいいということだろう。

また、行動経済学的な説明としては、行動をルール化しておくと失敗した時に気が楽だからだという理由がある。ビジネス上は、一度説得してしまえば顧客が継続的に投資してくれるドルコスト平均法が金融商品の売り手にとって好都合だという事情もある。

洗練された顧客や、金融マンには、ドルコスト平均法について正しく評価する人が増えてきている。銀行員としても、顧客に対してドルコスト平均法を強く勧めると、恥をかく場合があるかも知れないことを覚えておこう。

悪徳！「毎月分配型ファンド」の歓迎できない進歩

「毎月分配型」と称される投資信託は、その名の通り毎月決算を行って分配金を支払う仕組みに特色がある。銀行の店頭で売られている投資信託の中で、このタイプの物は「売れ筋」であり、主力商品だと言っていいだろう。

1997年に設定された国際投信投資顧問の通称「グロソブ」ことグローバル・ソブリン・オープンがこのジャンルの開拓者であり、同ファンドは、一時運用資産残高が5兆円を超える巨大ファンドになった（今は、すっかり小さくなったが）。

毎月分配という仕組みは、運用利回りがプラスであることを前提とするなら、課税のタイミングが早くなる分だけ、年1回分配の同一運用内容の商品よりも確実に損になる。しかし、特に年金収入の補完を意識する高齢者にとって毎月収入があることの（実際には自分の資産を取り崩しているだけだが）分かりやすさと安心感、分配金を一定に保つことによって「安定した利回り」に近いイメージを与えて安定した運用であるかのように見せる売り方が効果的であったことなどから、証券会社ばかりでなく、銀行の窓口販売でもよく売れて、「売れ筋商品」の地位を獲得した。

銀行窓口での投信販売は、1998年に実施され「日本版ビッグバン」と呼ばれた一連の金融規制緩和の一つとして解禁された。グロソブ及び同類の毎月分配型ファンドは、リスク商品を売ることに慣れていなかった銀行員に分配金を強調して顧客に投信を売る手口を覚えさせて、彼らの投信を売ることに対する抵抗感を払拭していった。

筆者は、投資家にとっての損得を重視して、一貫して毎月分配型ファンドに批判的なのだが、グロソブが結果的に果たした投信販売拡大への貢献、投信関連業界への貢献は認めなくもない。

もちろん、証券マンもしばしば分配金を強調して投信をセールスする。

ある日、筆者のオフィスに飛び込み営業でやって来た大手証券の若手証券マンは「社長、投資信託の選択にあって重要なのは、インカムゲイン即ち分配金です」と大きな声で断言することから当時毎月の分配金が200円（税引き前）ほどあった某商品のセールスロ上を述べ始めたものだった。「でも、元本が値下がりすると、トータルでは損になるでしょ」と言うと、彼は「ええ。いえ、でも恐らく大丈夫だと思います。私は米国のリート（REIT＝不動産投資信託）もブラジルレアルもしばらくは大丈夫だと確信しています」と言って動じなかった。

彼は、近い将来数字を稼ぐいいセールスマンに育っているだろう（彼の勤める会社には「数字は人格である」という素敵な格言がある）。筆者には、彼の将来の方が、ブラジルレアルの将来よりも余程確かなものに思えた。

さて、実は最近、ある投資信託のアナリストから、「山崎さん、最近、毎月分配型にまた新しい〝手口〟が開発されて、これが結構な勢いで資金を集めています。言わば、第4世代の手口ですが、これがひどいのです！」と教えられた。

商品を調べてみると、確かに、これはひどい商品だ。今や資産がやせ細ってしまったが、かつて敵視したグロソブが何とも上品に見えるくらいのものだ。

グロソブに代表される第1世代の毎月分配型ファンドは、外貨建ての利率が高かった時期に主に外国債券や、高配当の外国株式あるいは海外REITなどに投資することで、インカムゲイン（利息・配当・分配金などの現金収入）を稼ぎ、時に稼いだ為替差益などと共に分配金の原資としていた。先進国であっても外国の金利が高かったことから、外国債券への投資で、年率にして数パーセントの分配金利回りを出し続けることが数年間可能な時期があった。もちろん、元本は為替リスクに晒され、またファンドのトータルな運用利回り以上の分配を行うので、投信の株価に相当する基準価額は変動しながらも下落傾向にあったが、商品としてはよく売れた。

しかし、2000年代の後半に金融市場が変調を来し、特にリーマンショック後は先進国の債券の利回りが低下し、外国の債券やREITを買うだけでは、セールス上魅力的な分配金を捻り出すことができなくなった。そこで、2009年に登場して、あっという間に人気を集めた新しい仕組みが「通貨選択型」で、これは毎月分配型の第2世代と呼んでいいだろう（以下、既に有名な「グロソブ」以外は、現行の販売商品でもあり、個別ファンドの名前をここでは挙げない。武士の情けである）。

第2世代では、まず、米国のハイイールド債（信用度が低くて利回りの高い債券）などに投資するが、これに加えて、少しでもインカムゲインを獲得しようとする一方で、通貨のリスクを米ドルからブラジルレアルのような新興国の高金利通貨に切り替えることで、高金利通貨（たとえばレアル）と低金利通貨（米ドル）のほぼ金利差に近い通貨プレミアム（FX取引のスワップポイントに近いもの）を分配原資に加えることで、さらに分配原資を積み増そうとするものだ。スタートの基準価額1万円に対して、毎月150円、200円といった刺激的な水準の分配が可能となって、人気を博した。

但し、投資家は、米国のハイイールド債や米国REITといった投資対象資産の価格変動リスク・信用リスクなどの他に、ブラジルレアルなど新興国通貨の為替リスクを負う。新興国通貨の変動リスクは、大雑把にいって、日経平均並みあるいはそれ以上の大きさなので、一般に、分配だけが安定していて、基準価額は激しく動くことになる。

さて、通貨選択型ファンドが派手な分配水準を競うようになって、第3世代の手口を採用したファンドが翌2010年に登場する。第3世代の手口は、まず米国のREIT等のインカム利回りの大きな資産に投資し、さらに通貨リスクをブラジルレアルなどの高金利通貨に切り替えるところまでは第2世代と同じだ。第3世代では、これに加えて、カバードコールというオプション取引を使う。

米国のREITに投資している場合、米国REITのコールオプション（将来一定価格で資産を買うことができる権利）を売却して、そのプレミアム分（保険料のようなものだ）をさらに分配原資に加える。

コールオプションを持っていると、将来、原資産（デリバティブの元になる資産。この場合、米国ＲＥＩＴ）の価格が上昇した時に儲けを出すことができる。コールオプションを「売る」とは、この取引の相手方になることで、つまり原資産が値上がりすると損をするいわば保険のような契約を引き受けることになるが、その保険料に相当するコールオプションの取引価格が「プレミアム」だ。

ファンド全体としては、原資産である米国のＲＥＩＴを保有しているので、この資産の価格が上昇した時には、原資産の儲けと、オプション取引の損が相殺し合う関係になる。一般に、原資産を保有しながら、その原資産のコールオプションを売る取引の組み合わせを「カバードコール」と呼ぶ。この場合は、米国ＲＥＩＴに投資しながら、米国ＲＥＩＴの値上がりによる利益の可能性を放棄することで分配金を積み増すのだ。もちろん、米国ＲＥＩＴの価格が下落した時には、その損は基準価額に反映する。

第３世代のファンドは、インカム利回りの高い資産のリスク（１階）、高金利通貨のリスク（２階）、カバードコール取引（３階）の三重の仕掛けで分配原資を作っているので、運用業界内では俗に「３階建て」と呼ばれる。

人間に喩えてみよう。昼間は給料の高いブラック企業に勤めて稼ぐ一方で、夜は別の危険な仕事でアルバイトをして稼ぐ。加えて、昼間の勤め先では将来の昇給を諦める約束をして給料を高めに前借りし、希望を捨てて全力でお金を稼いで全てを支払いに回す。まるで、怖い借金取りに捕まってしまった多重債務者のような運用で分配金を作るのだ。

そこには、「経済・企業の成長に投資して、長期的に資産を形成する」といった、明るい投資の建前は感じられない。ただ、分配金の刺激が毎月あるだけだ。

最低レベルの分配型ファンドに騙されていないか？

さて、この先があるのだから金融の世界は怖い。お待ちかねの第4世代ファンドの運用の仕組みを見てみよう。名前は「或るファンド」としておく。一部の銀行でも販売されている。

「或るファンド」には、米国株式や米国REITに投資する姉妹商品があるが、第1段階の投資対象は日本株式であり、インデックス運用ではなく、アクティブ運用だ。ここまでは普通である。

第2段階として、目論見書に「高金利通貨戦略」と謳われている通貨リスクのスイッチがあり、通貨は運用会社が選ぶが、現在はブラジルレアルが使われている。日本株運用にブラジルレアルの為替リスクとは、サンバの衣装を着て京都観光を行うくらいの違和感があるが、ここまでは先例がある。

第3段階は、日本株のカバードコール売却で、資産額の概ね50%前後を目処にコールオプションの売りポジションを作って、オプション・プレミアムを稼いでいる。ここまでなら、第3世代と似た仕組みだ。

「或るファンド」の場合、第4段階として、さらにブラジルレアルのカバードコールも通貨リスクの50%を目処として売却することで、もう一息分配金を積み増そうとしている。確かに、通貨でもリスクを取りながら儲かる可能性だけを放棄することで、分配原資を稼ぐことができる理屈であり、使えるものは何でも使おうということなのだろう。

この結果どのような商品が出来上がったか。

分配金は何と毎月300円で、2015年の9月まで、13ヵ月、累計で3900円が分配された。

分配金300円のインパクトが効いたのか、2015年6月末時点で純資産残高が2000億円を大きく超えた。1000億円の大台に乗ったのは5月の下旬であり、急激に残高を伸ばした。相変わらず「売れ筋」に入っているので、運用資産は増加中だ。運用会社として、当座、ビジネス的には上手くいっていると言っていいだろう。

しかし、2015年の9月末時点で基準価額は5673円で過去1年間に3600円の分配金を払っている。単純計算でこの1年間の投資家は約21・6%損をしたが、この期間のＴＯＰＩＸの投資収益率はプラスの８・４％（日本取引所グループ・ホームページによる）なので、ＴＯＰＩＸに連動するＥＴＦ（上場投資信託）でも買っていれば、結果は遥かにマシなもののはずだった。

さて、たまたまの１年の運用結果よりも、商品の評価の上では手数料が大事だ。

購入時の手数料は３・５％（税抜）を上限に販売会社が決めることができる。投信の販売手数料は、販売会社によって異なり、「一物一価」が成立していない。この商品も、ある大手証券の店頭で買うと（１億円未満の場合）３・２４％（税込み）の販売手数料が掛かり、ネット証券で買うとノーロード（販売手数料０％）だ。

肝心の運用管理費用（信託報酬）はどうか。「年率１・９０２％（税込み）程度」と目論見書にある。筆者の判断基準では、「論外に高い」。

商品全体への筆者個人の評価を率直に述べるなら、「或るファンド」は公募の投資信託として考え得る限り最低レベルのクズと言うしかない。仕組みは投資信託なのだが、まともな投資の要素が殆ど無い。

投資家は、日本株が儲かると思えばＴＯＰＩＸ連動のＥＴＦでも買えばいいし、ブラジルレアルが上がると思うならレアル建ての債券でも買えばいい（前者はお勧めするが、後者はお勧めしない）。ＴＯＰＩＸのオプションは上場されているから、ＥＴＦと組み合わせてカバードコール取引は自分でできる（やりたければ簡単だがお勧めしない）。ブラジルレアルのカバードコールは個人には簡単ではないが、読者が大金持ちなら、外資系の証券会社にでも頼めば、大いに不利な条件だろうがポジションを組んでくれるだろう（止めた方がいいだろうと思う）。

「或るファンド」を買うとするなら、運用会社か販売会社を儲けさせるため以外の動機が筆者には思い当たらない。

以上、いささか込み入った運用の仕組みに立ち入ったが、毎月分配という、投資家にとって合理的ではないが、販売側にあってのみ具合のいい筋悪の商品を野放しにしてきた結果、投信商品の内容も、投信の売り方も、この「或るファンド」が象徴するように、すっかり「こじれて」しまったのだ。

この際、投資家の側でこの種の商品に引っ掛からないように、自衛するしかない。筆者のオフィスに飛び込んできた若手証券マンの営業口上をまねるなら、「社長、投資にあって肝心なことは、インカムゲイン、つまり分配金なんかに引っ掛からないことです！」。

読者ご自身にご注意頂きたいのはもちろんだが、読者のご両親など、毎月分配型ファンドの営業ターゲットになっている人々にも伝えてあげて欲しい。

ダメでも売れる、毎月分配型ファンドの投資理論

毎月分配型の投資信託は、投資理論の立場から見て、極めて興味深い商品だ。それは、金融論的に考えた場合、投資家側から見て全くダメな商品であるにもかかわらず、よく売れているからだ。

まず、オーソドックスなファイナンス理論の観点から、毎月分配型ファンドに投資することは明らかに合理的ではない。

前にも述べたように、仮に、ファンドに同じだけのプラスの収益獲得能力があるのだとすると、年1回分配のファンドと比較して、毎月分配型ファンドは、分配金に対する課税が早まる分だけ、必ず損になる仕組みだ。ファンドの運用上もキャッシュフローが大きいことは負担になる。

プラスのリターンが期待できるなら（できないなら投資すること自体が不合理だ）、早く分配しないでファンド内で複利運用してくれる方が、投資家にはいい。

加えて、率直にいって、毎月分配型ファンドの手数料は高い。信託報酬だけでも毎年1%を上回るものが殆どであり、通貨選択型では1・5%を超える株式ファンド並みの信託報酬のものが多い。いかに高いか、長期金利と比べてみて欲しい。

加えて、銀行窓口を通じた販売では販売手数料を2〜3%取るのが通例だ。ちなみに、

後者に関しては、ネット証券を通じて買うと、同じ商品がしばしばノーロードで買える。

とはいえ、窓口がどこであっても、毎月分配型ファンドを買うことは一切お勧めしない。

また、ブラジルレアルや豪ドルのような新興国通貨の為替リスクは概して大きく、先進国の株価指数並みかそれ以上の大きさになる。本来、高齢者や運用知識が不十分な人に売ってはいけない商品だ。もっとも、本当に運用知識があれば、その投資家は買わないはずの商品でもある。

「それでも、お客様には毎月分配金が欲しいというニーズがある」というのは偽りの理由だ。そもそも、特に高齢者が、資産の大半で外債等のリスクを取るファンドに投資して、日常的に生活に使う資金が不足するという状態は、ファイナンシャル・プランニング的に非常識だ。現実に、預金その他の流動資産を持っている人が大半のはずで、「毎月の分配金が分かりやすくて便利だ」というのは、商品の売り手側が商売のために顧客にけしかけている「正しくないニーズ」なのだ。

付け加えると、毎月分配型投信は、同じリターンであれば元本の成長を阻害する仕組みなので、ＮＩＳＡにも不向きな商品である。手数料欲しさのために、ＮＩＳＡの資金を毎月分配型投信に誘導している不心得な銀行員や証券マンがいるのではないかと心配だ。

さて、これだけダメな毎月分配型ファンドなのだが、経済学的な謎は、どうしてこんなに売れているのか、ということだ。これは、投資家が合理的で市場が効率的だとする従来の投資理論では説明できない。

近年、筆者は、(これは金融の世界に限らないが)「営業力」というものには、顧客にこれだけ大きな不合理を強いる凄い力があるのだと気付いて半ば感動している。

さて、毎月分配型ファンドが売れる理由は、単に、「営業力」だけではない。商品の性質と、売り方が、顧客側の心理的なツボに上手く嵌まっているからだ。

それでは、まず、顧客が、本来自分にとって得でないはずの毎月分配型投資信託をなぜ買うのかに関する理由を5つ列挙してみよう。

①顧客は、頻繁にある分配金を喜ぶ(過大評価する)傾向があるから。

②顧客は、インカムゲイン(分配金)とキャピタル損益(基準価額の変動)を分けて考える傾向があるから。

③顧客は、過去の分配金の安定具合を見て、「これは安定した運用だ」と(誤って)判断する傾向があるから。

④顧客は、自分が「良い金融商品」ないし「良いアドバイスをしてくれる人(セールスマン、FP等)」を自分が判別できると過信する傾向があるから。

⑤顧客は、自分の買値よりも損をした状態では、リスクが小さい状態よりも、むしろリスクが大きな状態をより心地よいと感じる傾向があるから。

これらの理由は、行動ファイナンスと呼ばれる、人間の非合理性を心理学的に研究したファイナンス理論が研究している諸概念で何れも説明できる。

①は、近い時点（1ヵ月後）にある入金を遠い時点（1年後）にある入金よりも過大評価するような「双曲割引」と呼ばれる、時点の異なる価値比較の非整合性で説明できる。

②は、本来色のついていないお金を入手の形や使途などで非合理的に区別する「メンタル・アカウンティング」（「心の会計」と訳される）と呼ばれる現象に対応する。

③は、少ないデータを見て、典型的なケースへの当てはまりを推測する、「代表性のヒューリスティックス（簡便法）」と呼ばれる現象に関係する。

④は、自分が判断できないことを判断できていると過大評価する「オーバーコンフィデンス（自信過剰）」の表れだ。

⑤は、少々ややこしいが、ノーベル経済学賞を取ったダニエル・カーネマンのプロスペクト理論の中でモデリングに使われているリスク評価の逆転現象が当てはまる。人は、たとえば、持ち株の株価が買値を上回っている時はリスク回避的な判断をするが、株価が買

値を下回ると、むしろリスクがある状態の方を好むようになる（買値まで戻ることの効用が大きいから）。

毎月分配型ファンドの商品設計及び売り方（分配金ばかり強調して売っている）は、行動ファイナンス的に見ると、投資家に誤った判断をさせる上で数々のツボを心得た、売り手の側から見ると巧みなマーケティングなのだ。

しかし、これは、買い手の側から見ると、明らかに損な商品に誘導されてしまっているということだ。

「理論」は以上である。現実にどうするかは、売り手と買い手の「心」の問題だ。

毎月分配型は完全無視が正解だ

内容的に繰り返しを含むが、これは銀行の主力商品の一つなので補足説明をしておこう。

毎月分配型ファンドには、仕組み上税制面での明らかな不利（リターンがプラスなら不利だし、マイナスなら投資する意味がない）があり、加えて、これまでに観察された事実として、顧客が安定した高利回り運用だと誤解するケースが相当数あり、さらに高分配ファンドを作る過程で運用が歪むケースが相当数あるなど、好ましくない弊害が多数発生している。

一方、分配金が毎月あるという商品性は、販売会社にとっての都合であり、ファイナンシャル・プランニング的に必要なことではない。

たとえば、毎月分配型ファンドの分配金を、高齢者が年金収入を補完する上で利用するとしても、金融資産全額をリスクの高い投資信託で運用することは不適切だ。高齢者は、現金かある程度の預貯金を当然持っているべきだし、現に持っていることだろう。生活費は預貯金から支出して、年に一度分配金を受け取ることで十分だ。資金が必要ならファンドを部分的に解約することもできる。

あらゆる層の投資家にあって、毎月分配型の投資信託が合理的な運用選択肢となることはあり得ない。

金融庁は、「消費者保護の観点から、株式投資信託の分配金は年間1回（あるいは譲歩して2回まで）とする」と決めてしまえばいい。

これで困る顧客がいるとすると、その投資家は、投信を適切に利用していないだけであり、利用方法を改めたらいいのだ。分配回数に関する規制は、金融界にとっては規制の強化だが、これで本質的に困る投資家はいない。そして、この規制は消費者保護につながる。

投資信託ビジネスは十分に育ったし、今後も育つだろう。詐欺まがいの販売を容認してでも業界を育てたいとする不純な揺籃期はもうおしまいでいい。

金融庁には、目的に直接切り込む勇気を求めたい。「毎月分配型」が有害で且つ不要でもあることの論理構成が十分できず、従って行動に至らない官庁に、消費者の立場に立った金融行政ができるとは思えない。金融庁は、毎月分配型ファンド廃絶に向けたロードマップを至急作るべきだ。

投資家の側でどうしたらいいかは、はっきりしている。第1世代から第4世代までのあらゆるタイプの毎月分配型投信を完全に無視し、関わらないのが肝心なことだ。毎月分配型投信を保有している他人を心から軽蔑せよとまでは推奨しないが、読者がそういう気持ちを持つことを止めようとは思わない。

ラップはクソだ！

個人向けに、「ラップ」と呼ばれる運用形態が流行し始めている。近年、筆者は、各種の毎月分配型ファンドを「主な敵」だとして、運用常識の啓蒙に努めてきたつもりだが、新たな敵として現れて、不愉快なことに急速に勢力を伸ばしているのがラップだ。

ラップというと、メロディーに乗せて（乗っていないこともあるが）勢いよく喋る音楽ジャンルの一つを思い出すが、ラップ調でスローガンを言うなら「ラップなんてクソだ！」と叫んでみたいところだ。

信託銀行ではない銀行の場合、ラップ口座を直接顧客に提供することはできないが、対面営業の証券会社と信託銀行は、ここのところラップに大いに注力している。また、投資信託などにもラップ的な運用を行うものが登場しており、普通の銀行もラップに無関係だとは言えない。

大手証券では、二番手の大和証券がもともとラップに熱心だったが、最大手の野村證券も本格的に注力するようになってきて、ラップ口座での預かり資産残高を急速に積み上げている。また、大手の信託銀行でもラップ口座を扱っている。メガバンクなどでは、系列の証券会社を使う場合がある。

ラップ口座とは、資産の運用管理を証券会社や信託銀行に包括的に任せる仕組みであり、商品の売買の都度に手数料が掛かるのではなく、資産残高に対する手数料をあらかじめ包括的に決めているのが特徴だ。「ラップ」は「包む」という意味の英語から来ており、運用と手数料が一纏《ひとまと》めにされていることを指している。

投資信託を頻繁に売買すると新たに買う商品の販売手数料がその都度掛かる。金融庁の再三にわたる注意の甲斐無く、顧客が投資する投資信託を別の投資信託に「乗り換え」するよう勧誘する営業行動が無くならない。それなら、いくら商品を入れ替えても、新たに販売手数料が掛からないラップ口座の方が安全で安上がりだという長所は一応ある。

金融機関が急にラップに熱心になった理由の一つとして、投信の乗り換え勧誘営業に対して、金融庁の監視の目が年々厳しくなってきたことはあるのかも知れない。確かに、ラップの場合、売買手数料があらかじめ決まっているから、金融機関側で顧客の預かり資産で過剰な売買を行うインセンティブ（誘因）は働かない。「投信の乗り換え勧誘は諦めた、しかし、ある程度の手数料は確保したい。ラップなら金融庁も文句を言うまい」というあたりに、ラップ口座の売り手側の本音があると推測する。

但し、運用を金融機関に任せきりにしていいのかどうか、また、ラップの手数料設定がリーズナブルなものなのかどうか、といった根本的な問題が残っている。

はっきり言おう。現在、大手の金融機関で注力しているラップ口座での運用は止めた方がいい。以下、ラップの何がいけないのか、なぜラップをやらない方がいいのかを、分かりやすくご説明したい。

① 運用の判断を放棄してしまう危険
② 金融機関が「適切なリスク」を判断できない
③ 手数料水準が高過ぎる
④ 手数料の高い商品が組み込まれてしまう

ラップ口座がダメな理由は少なくとも4つある。

①運用の判断放棄は危険

そもそも論で恐縮だが、自分のお金の運用に関する判断を、金融機関に「丸投げ」しようと考えることは大変危険で不適切だ。

たとえば、ある金融機関のホームページでラップ口座の説明を見ると、「仕事や趣味で忙しいので、自分でしっかり管理できるか不安だな……」という人が、運用を専門家に任せることができると述べているが、自分で運用の管理をしているなら知らないうちに運用の内容が入れ替わっているようなことはないが、他人に預けていると、何時何が起きるか分からない。真に不安に思うべきなのが、後者の方なのは明らかだ。

仕事や趣味で忙しい人は、「自分が分かる範囲の中で」手間の掛からない運用をしたらいいし、それは十分可能である。

「忙しい人、運用が分からない人は、運用を専門家に任せたらいい」というコンセプトには、運用商品の売り手側が仕掛けた罠が潜む。

たとえば、金融資産を5000万円持っている人について考えよう。彼は、この資産の運用で、損失を1年間にどんなに大きくても500万円未満で済ませたいと考えているとしよう。たとえば、よく分散投資された先進国の株式に投資する投資信託なら、リターンの平均が6%くらい、リターンの標準偏差を20%くらいと見て、マイナス2標準偏差（起こり得るケースの悪い方から2〜3%程度の事象）のイベントが起こった場合に1年間で34%損をする（約3分の1だ）。従って、株式に投資する投資信託での運用なら、1500万円程度が、リスクを取った投資額の上限だ。残りの3500万円は、個人向け国債（変動金利・10年満期のタイプをお勧めする）ででも運用すればいい。

ついでに言うと、日本株で運用する投資信託の手数料は、ネット証券でETFを買うと、売買手数料が1000円前後、運用管理手数料（信託報酬）が年率で0・1%強（1500万円に対して1万5000円強）だ。

ところが、5000万円をラップ口座に預けると、まず年率2%、つまり毎年100万円ものラップ口座の手数料が掛かり、さらに、ラップ口座内で投資された商品の運用管理手数料が掛かる。ラップ口座内で、たとえばETFと個人向け国債のような良心的な商品を買ってくれるといいが、国内株、外国株、外国債券、内外のREITなどに投資する投資信託を取り混ぜられて、おそらく年率1〜1・5%くらいの運用管理手数料を取られることになるだろう。

そもそも、適切なリスクのタイプを自分で判断するのではなく、他人に判断を委ねて、自分の持っているお金を丸ごと見せた時点で、金融機関の顧客は「いいカモ」なのである。

取るべきリスクの大きさは、投資家の側では商品の「種類」ではなくリスク資産の「購入額で」且つ「自分で」調整すればいい。これが運用の基本だ。

他方、金融機関の側では当然大きな金額をビジネスの対象にしたい。そこで、ラップで顧客の資金をまとめて取り込もうと企んでいるのだ。

②金融機関は「適切なリスク」を判断できない

各社のラップ口座の説明を見ると、顧客から回収したアンケートから、あるいは顧客と面談して、数十通り、あるいは100を超える場合分けの中から、顧客にピッタリ合ったリスクの大きさと性質を判断することになっている。

しかし、金融機関は顧客の家計全体の事情が見えているわけではないし、顧客の側では、金融業者に自分の家計の全体像を見せるような危険を冒してはいけない。

アンケートによる場合分けなど、ビジネスを「もっともらしく」見せるための仕掛けに過ぎない、全く不十分なものだ（リスクに関する理解と覚悟は、あくまでも自分で行うべきものだ）。

加えて、先に述べたように、金融機関側では、顧客の資産をなるべく大きなビジネス（＝手数料）につなげたいという強い動機を持っている。

顧客の側がリスクについて相談したいなら、せめて運用商品の販売に関わっていないファイナンシャルプランナーのようなアドバイザーの門を叩くべきだ。もちろん相談料が必要な場合が多かろうが、相談料を払って「まとも」な運用商品を教えて貰うと、結果的に相談料は極めて安上がりだ。

お金の運用で重要な原則の一つとして「運用の相談相手と運用商品を買う相手を一緒にしてはいけない」と申し上げておく。

最悪なのは、たとえば、退職金が振り込まれた銀行で、退職金の運用相談をして投資商品を購入するようなケースだ。ラップ口座は、自分のお金の一部を自分で持っていくだけまだましだが、預けなくてもいいお金まで丸ごと持ち込む点で、既に大変愚かだ。

③手数料水準が高過ぎる

このところ金融機関が力を入れている小口の（300万～500万円程度から始められる）ラップ口座の手数料は、年率2％前後のものが多い。もちろん、年間2％で済むのなら、投信の回転売買に付き合うよりはましなのだが、それは、強盗に遭うよりも、窃盗の方がましだという程度の比較でしかない。

「年率2％」は、率直にいって高過ぎる。運用は、お金を増やすことが目的だ。毎年2％もの「確実なマイナスリターン」を甘受するようでは落第だ。

手数料の支払いは、リスクを取って運用する資産額に対して、せめて年間1％以内でありたい。しかも、ラップ口座の場合、預けたお金が全額ハイリスクな商品に投資されるわけではない。「ハイリスクな商品に対する手数料率」で見ると、2％よりももっと多くの手数料を払うことになる。しかも、毎年払うのだ。止めた方がいい。

加えて、投資信託を対象にする「ファンドラップ」の場合、個々の投資信託の中で掛かる運用管理手数料（信託報酬）が掛かる。結局、ラップ口座の顧客は、預けた運用資産残高の3％前後の手数料を「毎年」払うことになりそうだ。

④手数料の高い運用商品が選ばれるリスク

さて、ラップの顧客が、どのくらいひどい目に遭っているのか、テストしてみよう。読者の中で、現実にラップ口座で運用されている方が居たら、あるいは、ご友人でラップ口座の利用者が居たら、国内株式の運用商品が何になっているか調べてみて欲しい。大手証券系の運用会社による国内株式運用商品で手数料が安い良心的な商品は、以下の3つなのだが、何れかに該当しているだろうか。

「ダイワ 上場投信ｰトピックス」（1305）、「TOPIX連動型上場投資信託」（1306）、「上場インデックスファンドTOPIX」（1308）。いずれもTOPIX（東証株価指数）に連動するように運用される上場型の投資信託で、大和系、野村系、日興系の運用会社で運用されている商品だ。括弧内の数字は、証券コードである。

何れも、売買時に株式と同様の手数料が掛かるが、ネット証券で買うなら、3000万円くらいまでなら、1回1200円程度の手数料だ。運用管理手数料は残高の年率0・088〜0・11％（税抜）である。日興系のものが最安なのだが、差は小さいので、大和証券あるいは野村證券にラップ口座をお持ちの方の資金が、系列運用会社のETFに投資されているくらいの「心情運用」は認めることにしよう。

しかし、想像するに、日本株の運用資金は、通常の公募の投資信託で運用されているのではないか。公募の投資信託の場合、株価指数への連動を目指して運用され運用管理手数料の安いインデックスファンドでも0・4％程度だし、ファンドマネジャーが市場平均を上回ることを目指すアクティブファンドの場合、年率約1・5％程度の手数料を取られることが多い。ついでに言うと、この手数料の半分近くは、残高が維持されている限り、商品を販売した会社の収入となる（「代行手数料」という名目だ）。

仮に運用管理手数料が1％以上の商品に投資されている場合、あなたは、運用を丸投げしたせいで、余計な手数料の「ぼったくり」に遭っていると言っていいだろう。もっとも、丸投げしたのだから、主な責任者であり愚かなのはあなた自身だ。

もともと資金運用のリテラシーが低いからラップ口座などに付き合っているのだろうから、自分の投資商品の運用管理手数料（信託報酬）を調べたことがないかも知れないが、ラップ口座で運用している方は、実際に投資されている商品の運用管理手数料を調べてみて欲しい。「ぼったくり」に遭っていることが分かったら、ラップを解約するだけでなく、ラップを勧めた金融機関ともお別れすることをお勧めする。

ゴールベース資産管理の愚

ラップに関連して、近年米国で行われているリテール向けの資産運用営業のアプローチをご紹介したい。商品でもサービスでも、金融の世界では米国で発生したビジネスが、しばらく遅れて日本に入ってくるのは、よくある話だ。

米国では、対面証券会社のビジネスモデルが大きく変化しているという。『週刊東洋経済』（2015年6月20日号）は「証券」を大きく特集しているが、その中で野村総研アメリカの金融研究室長である吉永高士氏が書いた「米国『証券革命』の実情」という記事が大変興味深かった。米国の対面営業型証券会社のビジネスモデルが顧客に商品を紹介し主に売買手数料で稼ぐ「伝統的営業モデル」から、顧客の預かり資産残高から発生するフィーによって収益を稼ぐ「資産管理型営業モデル」に大きく転換しつつあり、後者に於けるアプローチのキーワードが「ゴールベース資産管理」なのだという。

「ゴールベース資産管理」とは、顧客の人生のゴールを意識した資産運用サービスのことだが、吉永氏によると、①顧客の人生のゴールの特定、②ゴール実現へのシナリオの設定、③投資の提案と実行、④定時・随時の一定頻度でのレビュー、の4つのプロセスを循環する営業手法だという。

この場合、人生のゴールとは退職時の資産高目標といった狭義の金融的ゴールではなく、子や孫の教育、社会貢献、死後の遺族の生活などを含む具体的に将来目指す姿を広く含む具体的な目標のことだ。証券会社の営業員が、顧客の家族構成に対する質問などから始まって、顧客の人生のゴールを聞き出すのだ。その上で、資産運用の提案を行い、主にラップ口座を使って顧客の預かり資産の運用から手数料を取る、という流れになる。

記事によると、米国の大手対面証券3社（メリルリンチ、モルガン・スタンレー、UBS）の個人部門預かり資産に占めるラップ資産比率は3分の1を超えており、傾向として上昇中だ。また、モルガン・スタンレーでは、営業員一人当たりの担当顧客数と顧客当たりの純営業収益が2000年に387世帯、1027ドルだったものが、2014年には256世帯4254ドルに変化したという。顧客を絞り込みつつ、顧客一人当たりの収益を4倍にもしているのだから、証券会社側としては、一定の成功を収めている。

顧客に人生のゴールを語らせて、営業員が顧客とそのゴールについて語り合うというアプローチは、確かに営業手法として効果的だろう。

顧客自身は、自分の人生のゴールを決して否定しないだろうから、投資提案を人生のゴールに関連づけることができれば、これを受け入れやすいはずだ。また、人生のゴールは多くの場合顧客の資産全体と関わるから、金融機関の営業マンの側で、顧客の資産の全貌を知ることにつながり、一定の信頼を得た場合には、顧客の金融資産の大部分を「人生のゴールのため」という名目でラップ口座等に取り込むことができる。

もともと金融機関と顧客の利害は、完全には一致しない。結果的に顧客が儲かること自体は金融機関にとって営業がやりやすくなることにつながるので好ましいことだが、金融機関が収益の源とするものは顧客から得る手数料であり、手数料は顧客の運用パフォーマンスを直接引き下げる要因だ。手数料は、相場の当たり外れに比べると小さく見えるが、「確実なマイナス要因」であるだけに、その影響が小さくない。ここで、営業のプロセスに「人生のゴール」を噛ませることによって、両者の利害の対立を曖昧にすることができる。

また、預かり資産残高から生じるフィー（手数料）で稼ぐためには、顧客を長期的につなぎ止めておくことが重要だが、営業員が顧客の「人生の目標」の相談相手になることができたら、関係を長期化させる上で有効だ。

加えて、吉永氏の記事によると、資産管理型営業では「その顧客から獲得できる手数料の金額に一定程度比例するように、時間配分と、顧客とコンタクトする頻度を設定する」ことを可能にするため、営業マンの時間配分が効率化されるという。顧客の側でもこうした傾向を理解するので、お気に入りの営業員の時間をより多く確保するために、資産残高と手数料を積み増す「競争」の心理が働くことが予想できる。

「自分の人生のゴール」という誰も否定しない概念を教義とする宗教のようなビジネスモデルでもあるし、顧客の身の上話に深く食い込んで継続的に保険を売り続ける腕利きの生命保険のオバサンのような商売でもある。営業マンの時間とサービスが実質的な商品となるという意味で、高級倶楽部のホステスやホストクラブのホストなどにも近い「資産残高比例型接客業」でもあろうか。

「話し相手」のサービスに対して、直接フィーを払うのではなく、商品の購入や預け入れで応えてくれる顧客は、間違いなく日本にもいる。対面型証券会社にとって有望なアプローチだろうし、そもそも顧客のキャッシュフロー全体を証券会社よりも詳細に把握している日本の銀行にとってもこの種の「金融版人生相談」は強力な武器になり得る。

さて、ビジネスを行う側にとって有望と思われる「ゴールベース資産管理」あるいは「資産残高営業モデル」だが、顧客の側にとっても望ましいものなのだろうか。吉永氏の記事を見る限り、とてもそうとは思えない。

先ほどご紹介したモルガン・スタンレーの数字を思い出してみると、営業員が顧客一人当たりに稼ぐ純営業収益が2000年の1027ドルから2014年に4254ドルにまで拡大した。これは、証券会社側にとっては輝かしい前進だが、顧客の側から見ると手数料を4倍も稼がれるようになったということなのだ。

この間、顧客の預かり資産が4倍になっているなら、資産残高に対する手数料の比率は概ね変わらないということだが、記事のグラフで米対面証券大手3社合計の個人部門預かり資産を見ると、2001年で4兆ドル弱だったものが2014年に5兆ドル程度に増えているに過ぎない。預かり資産に対する支払手数料が大幅に増えているということは、運用パフォーマンスにとっては直接的で深刻なマイナス要因だ。市場環境の良さに騙されてはいけない。

「資産残高営業化によって、顧客はボラれている！」というのが米国の実態なのだ。顧客の側から文句が出なかったのは、米国の投資環境が長期的に良かったから、手数料が目立たなかっただけのことだろう。

金融マンに人生相談などしてはいけない

対面証券が資産残高営業に舵を切りつつある環境下、日本の投資家も油断してはいけない。

それでは、顧客側では「ゴールベース資産管理」のアプローチをどう考えたらいいのか。担当金融マンが、自分の人生のゴールを理解し、その実現のシナリオを考えて、運用提案を行って、自分の人生にいわば「伴走」してくれることは素晴らしいことではないのか？

結論は「とんでもない！　金融マンに人生相談するのは止めておきなさい」ということになる。金融マンに伴走される人生など薄気味悪いと感じないか。そして、気味が悪いだけでなく、危険でも損でもあるのだ。

先にも申し上げたが、資産運用の大原則として「商品を購入する相手を、運用の相談相手にしてはいけない」。

商品を売って、或いは資産を預かって手数料を稼ぐことができる相手は、相談自体に手数料を要求しないのでつい気軽に相談相手にしてしまいがちだが、彼らは、相談の手間と時間のコストを、商品の手数料から回収していることを忘れてはならない。

加えて、もっと拙いのは、相談の内容自体が、手数料を獲得したいという売り手側の動機によって歪む公算が大きいことだ。手数料の安いインデックスファンドがあるのに、アクティブファンドを選ぶような不誠実行為もあり得るし、外国為替のように値差で稼げる商品を介在させたり、デリバティブの条件で稼いだりする実質手数料の獲得手段もある。ラップ口座に資産を丸投げしてくれれば、金融機関側で手数料を稼ぐ手段は山のようにあるのだ。また、そもそも手数料を稼ぎやすいようにリスク資産への投資配分比率を大きくするように顧客を誘導する可能性もある。

お金の世界では、利害の絡む相手は、決して信用できる相談相手ではない。

彼らが不誠実な手数料稼ぎに走るために、彼らが悪人である必要はない。ただ経済合理的なビジネスパーソンであることだけで十分なのだ。

「ゴールの設定」と「実現シナリオの策定」の過程で、自分資産の全貌を金融機関に把握されることも顧客にとって不利だ。リスクの大きさは、リスクを取る商品に対する投資金額の大小で調節するのが最もシンプルで効率的なのだが、資産全体を把握されてしまうと、これが上手くいきにくい。

また、普通の人は、人生の目標をあちこちの金融機関と共有して歩くわけではないだろうから、「ゴールベース資産管理」に付き合うと、必然的にその金融機関に取り込まれて、医療でいうと「セカンドオピニオン」から遮断された状態になりやすい（金融機関側としては他社と比べられない方が好都合だ）。

配偶者など家族も交えた相談などというものも全く余計だ。より深く取り込まれる契機になり得るし、相手に余計な情報を与えることにもなりかねない。見込み客を紹介して、一族が支払う手数料が膨らむ切っ掛けにもなる。

結論を繰り返す。金融機関の人間は、人生相談の相手として相応しくない。

日本の投資家は、アメリカの投資家を真似るのではなく、むしろアメリカ人に「ゴールベース資産管理」の馬鹿馬鹿しさを教えてあげるくらいの心持ちで「資産残高営業」を迎え撃つのが正解だ。

高齢者の金融資産は銀行員に狙われている

危険な相手は証券マンばかりではない。たとえば『週刊朝日』の２０１５年11月13日号に、「認知症患者を食い物にする『ハイエナ』金融機関」と題する記事が載っている。記事の冒頭で紹介されたケースの加害者は銀行員だ。

２００８年に認知症と診断されたある80代の女性は、司法書士の後見人がつくまでの数年間で、取引していた信託銀行の口座内で投資信託や新興国の国債などを対象に40回も売買を繰り返されて、彼女の1億円を超えた投資額の半分ほどの損失を被った。この間、銀行は1500万円以上の手数料を得ていたのだという。

一般的な傾向として、銀行員は証券マンよりも信用されている。特に高齢者は、まだまだ高金利だった自分が若い頃に、銀行の預金や金融債でお金を増やした経験を覚えている場合がある。しかし、1998年の「投信窓販」(現行の窓口での投資信託販売のこと)解禁以来年月が経って、銀行員もすっかり投信販売に慣れたし、収益を稼ぎたい状況は銀行も証券会社と同じだ。銀行員は決してお金を任せていい相手ではない。むしろ、現実の銀行のビジネスと顧客側の銀行員に対する信頼感とのギャップこそが危険だ。

認知症の場合でも、認知症まで至らない段階であっても、高齢者の判断能力と自己決定権(自分の物事を自分で判断する権利)の関係は微妙だ。高齢者本人が「この金融商品を買いたい」と明確に表明している形跡を残すことができるのであれば、金融機関は売買に応じるだろうし、それが悪いことだとも言えないが、銀行員側が高齢者を「その気」に誘導することはしばしば可能だ。相手が銀行員に限らず、「話し相手」に弱いのは多くの高齢者に共通する傾向だから、話を聞いてくれる相手の希望を叶えてあげたくなって、つい金融商品の購入に「付き合ってしまう」。そして、銀行員は、顧客のお金の流れを見ながら、効果的なタイミングで獲物を狙うことができる。

高齢者を「食い物」にするというと穏やかではないが、そうするために、銀行員が特別に悪い人である必要はない。彼（彼女）が、自分が勤める銀行の利益に忠実で人事評価に敏感な「真面目な銀行員」であるだけで必要十分条件は満たされている。

さきの『週刊朝日』の記事では、認知症の高齢者の場合、後見人をつけるくらいしか有効な対策が無いと書いているが、後見人が銀行に取り込まれる場合が無いとはいえない。金融的な判断能力を失っている高齢者の場合、後見人を付けるとしても、正しい判断ができる第三者がダブルチェックできる体制が必要だろう。

相手は銀行に限らないが、判断能力が衰えた高齢者の金融資産を、金融機関のセールスからどう守るかは、行政も業界も考えなければならない大問題だし、それ以上に顧客の側で明確な自衛の意識が必要だ。

本書を読んで下さっている読者及び、読者のご両親の年齢は様々だろうが、何はともあれ、ご両親のどちらかがいらっしゃる方は、親御さんの金融資産が今どこにあって、どのように運用されているかを、一度確認してあげて欲しい。

親御さんは、相手が子供であっても、自分のお金の詳細を見せたくないと思うかも知れないし、銀行員や証券マンに対して親近感を抱いて彼（彼女）との取り引きが切れることを恐れるかも知れない。現実には様々な障害がありそうだが、「金融セールスによる被害は身近な問題なのだ」ということを粘り強く伝えて欲しい。

また、こと銀行に関しては、銀行員が顧客に勧める商品で「買ってもいい」と言える運用商品が全くないのだから（個人向け国債はいい商品だが、銀行員が勧めることはないだろう）、銀行員に時間を使わせてはいけないのだ。

99％の投資信託が直ぐにダメだと分かる理由

日本には投資信託だけで５０００本以上の商品がある。こうした運用商品は、どう評価すればいいのだろうか。

実は、理論と経験の双方が教えるところを顧客である投資家が正確に理解しているとするなら、これは運用業界にとってあまり都合のいい話にはなっていない。

まず、運用業界にとって不都合な２つの真実をご紹介しよう。

１つ目の真実は、市場平均の投資利回りを上回ることを目的に運用される「アクティブファンド」の運用利回りの平均が市場平均、さらには市場平均を表すことを目的に選ばれた株価指数をターゲットとするインデックスファンドの運用利回りを下回るということだ。

2つ目の真実は、アクティブファンドの中で相対的にリターンの高い運用を「事前に」選ぶことができない、ということだ。

2つをまとめると、「アクティブ運用の平均は市場平均に劣り、良いアクティブファンドを事前に選ぶことはできない」ということになる。

これは、アクティブファンドの方が手数料が高い限り、アクティブファンドはインデックスファンドに劣る投資対象だということだ。運用商品を、運用する会社にとっても、販売する会社にとっても、極めて不都合な真実だ。

筆者が真実と呼ぶ2つの命題が本当に真実なのかが当然問題だが、事実の上からも、論理の上からも、つまり、実証と理論両面でこの命題は強固なのだ。

プロが運用するアクティブ運用が市場平均を上回るか否かについては、米国でも、日本でも、それ以外の国でも、過去に何度も調査が行われている。結果は、ほぼ常にアクティブ運用に不利だ。身近な例を一つ挙げるなら、投資信託の評価サービスと提供する会社であるモーニングスター社の社長である朝倉智也氏による『低迷相場でも負けない資産運用の新セオリー』（朝日新聞出版、2012年12月30日刊）の第一章を読んでみて欲しい。朝倉氏は、2002年から2011年までの10年間の各年について、国内株式の大型株を対象にしたアクティブファンドの平均が、ベンチマークであるTOPIXを上回ったのは3回だけで、あとの7回は市場平均に負けているとのデータを示している（同書、63ページ）。そして、次のページで、2002年に32本あったTOPIXを上回ったファンドが、連続してTOPIXを上回ったかどうかのデータを示しており、翌年に19本、以下、11本、8本、4本、3本と連勝できたファンドが減り、6年後の2008年には1本もなくなっていることを示している。これは、厳密なデータではないが、過去の運用成績を参考にファンドを選んでも、将来の運用成績の参考にはならないことを示している。

朝倉氏が経営するモーニングスター社は、投資信託のデータと評価を提供しているのだから、これらは朝倉氏のビジネスにとって「都合の悪い」データなのだが、朝倉氏は、良心と勇気をもって、投資家に、アクティブファンドが市場平均に勝てないことと、過去に優れていたアクティブファンドを選んでも無駄なことを通じて、良いアクティブファンドを事前に選ぶことが難しいことを伝えていると筆者は読んだ。

実証データが運用業界に不利であることは、分かった。では、論理ではどうなのか。まず、世の中の投資は「インデックス（市場平均）投資資金」と「アクティブ運用資金」に二分することができるが、何と、アクティブ運用資金全体の平均は、市場平均に等しく、インデックス投資と同じになる。アクティブ運用（の全体）がインデックス運用よりも高い手数料を取るなら、そもそもアクティブ運用全体に勝ち目はない。

問題は、「プロのアクティブ運用」が、その他のアクティブ運用を上回ることができるか、ということになるが、仮に、特定の、あるいは、全体の「プロのアクティブ運用」がその他のアクティブ運用を上回ることが確かなら、運用のプロは「プロのアクティブ運用」を買って、市場平均を空売りして、利益を確保することができる。また、プロ以外の人も、プロのアクティブ運用に資金を移動させるだろうから、それ以外のアクティブ運用がなくなっていくはずだ。

しかし、現実にそのような裁定は起こっていないのであり、これは、取りも直さず、プロであっても、自分自身も含めてプロのアクティブ運用を評価できないことを示している。

では、運用サービスを提供する商品はどう評価するのがいいのか。身も蓋も無いけれども、正しい概念を描いた図をご覧に入れる。

左の図は、国内株式運用の例だが、運用商品とは市場から取ってきてパッケージングした素材が提供するリターンから売り手(運用会社&販売会社)の手数料を差し引いたリターンを提供しているのがその実体なのだ。図の斜めの直線は、横軸にリスクを取り、リスク

運用商品評価の概念図
（株式運用の場合）

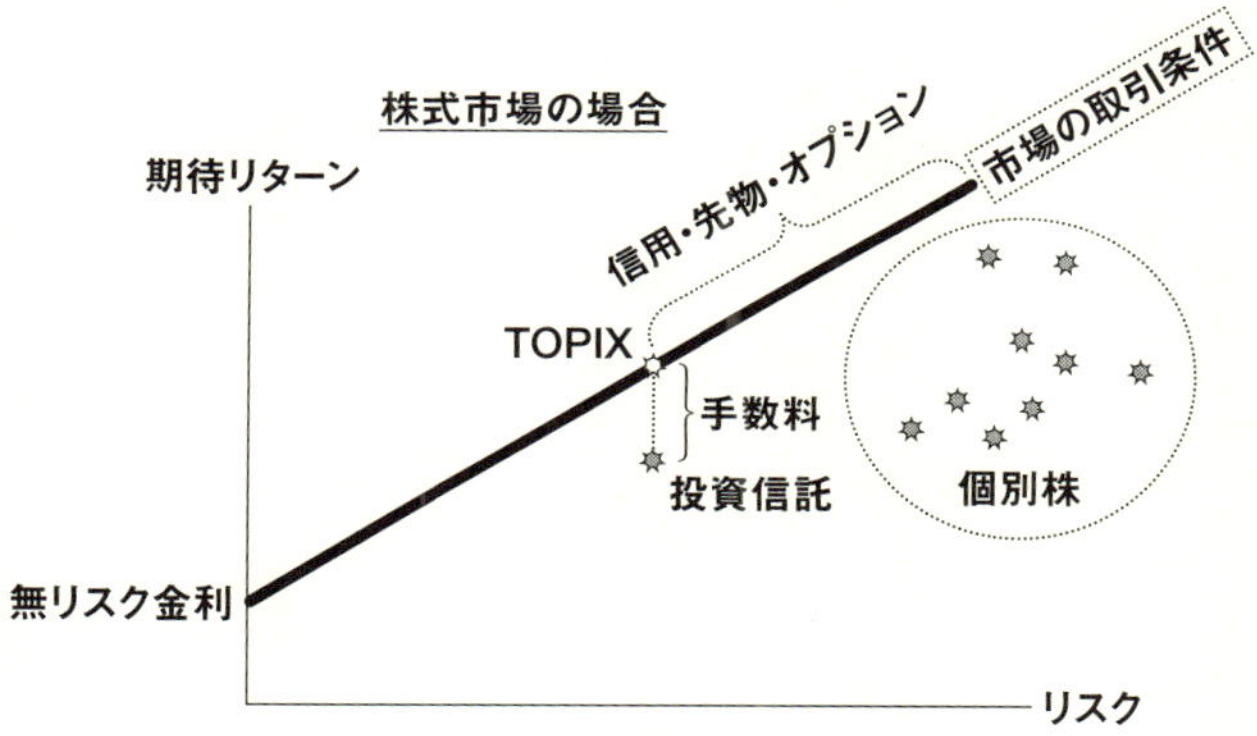

フリー金利での運用と借り入れが可能な場合の株式市場で達成可能な「市場の取引条件」を示したもので、投資家から見て、運用商品は、市場の条件から手数料分だけ引かれた期待リターンの下で、リスクを負担するものだ、ということになる。

簡単にいうと、運用サービスを提供する商品は、「投資家から見て手数料が小さければ小さいほどいい」というのが圧倒的に重要な第一の評価項目なのだ。よほど意図的に歪みを持たせて内容を変えたものでない限り、商品評価は手数料（特に信託報酬）の段階で優劣が決まるし、前述のように、プラスに働く「歪み」を判断することはプロにも難しい。

別の観点からもご説明しよう。

運用商品のリターンは、たとえば「国内株式」「外国株式」などの資産のカテゴリー別の「①市場リターン」と、運用者の関与によって発生する「②運用スキルのリターン」と、運用商品が顧客から取る「③手数料」の3つの構成要素によって決まる。

これらのうち、②運用スキルのリターンは、予測できないし、評価もできないのであった（不都合な真実その2）。そうなると、たとえば、国内株式に投資するファンドを評価する場合、①市場リターンは一緒なのだから、差がつくのは③手数料だけだということになる。

すると、そもそも③手数料で劣る運用商品が、合理的に選ばれる可能性はゼロであると分かる。金融ビジネス側にとって身も蓋も無い話だけれども、論理的には強固な結論だ。

つまり、運用商品は先に③手数料を比較して評価することが重要であり、この比較で劣る商品は「はじめから検討する必要はない」のだ。たとえば、国内株式のファンドが100本あって、手数料が最安のファンドが1本と、それ以外の99本があるとすれば、99本についてははじめから考える必要が無い。

バランスファンドのように、①市場リターンのカテゴリーをどう分類していいか迷う商品もあるが、迷っている時点でその内容を評価できていないのだから、その商品に投資することは不適切だ。もともと、次から次へと運用会社や金融機関が出してくる商品を購入候補として評価する必要など無いのだから、「我が社の商品は、他の商品との比較に馴染まない」と言い張る商品を相手にする必要はない。容易に理解と比較ができるシンプルな商品を組み合わせるのがいい。

「特別に素晴らしい運用」が本当に可能なら、それは他人に提供されないはずなのだ。自信を持って「見送り」を決め込んで何の問題もない。

投資理論は「悪用」されている

本章のまとめとして、投資の理論の歴史を概観しておこう。

先に説明した毎月分配型投信のように、投資家にとって合理的でない商品でも、それが現実にはよく売れている事例があり、売れる理由は行動ファイナンスの理論によって説明できる。投資の理論的研究は、現実のビジネスにどう応用されているのか。

投資の理論は、金融マーケティングの世界で広範囲に応用されており、これらの中には、顧客である投資家の誤解や錯覚を誘う、単に「応用」というよりも、「悪用」と呼びたくなるようなケースが多々ある。

現代の投資理論には、モダンポートフォリオ理論を含み、１９７０年代後半くらいから

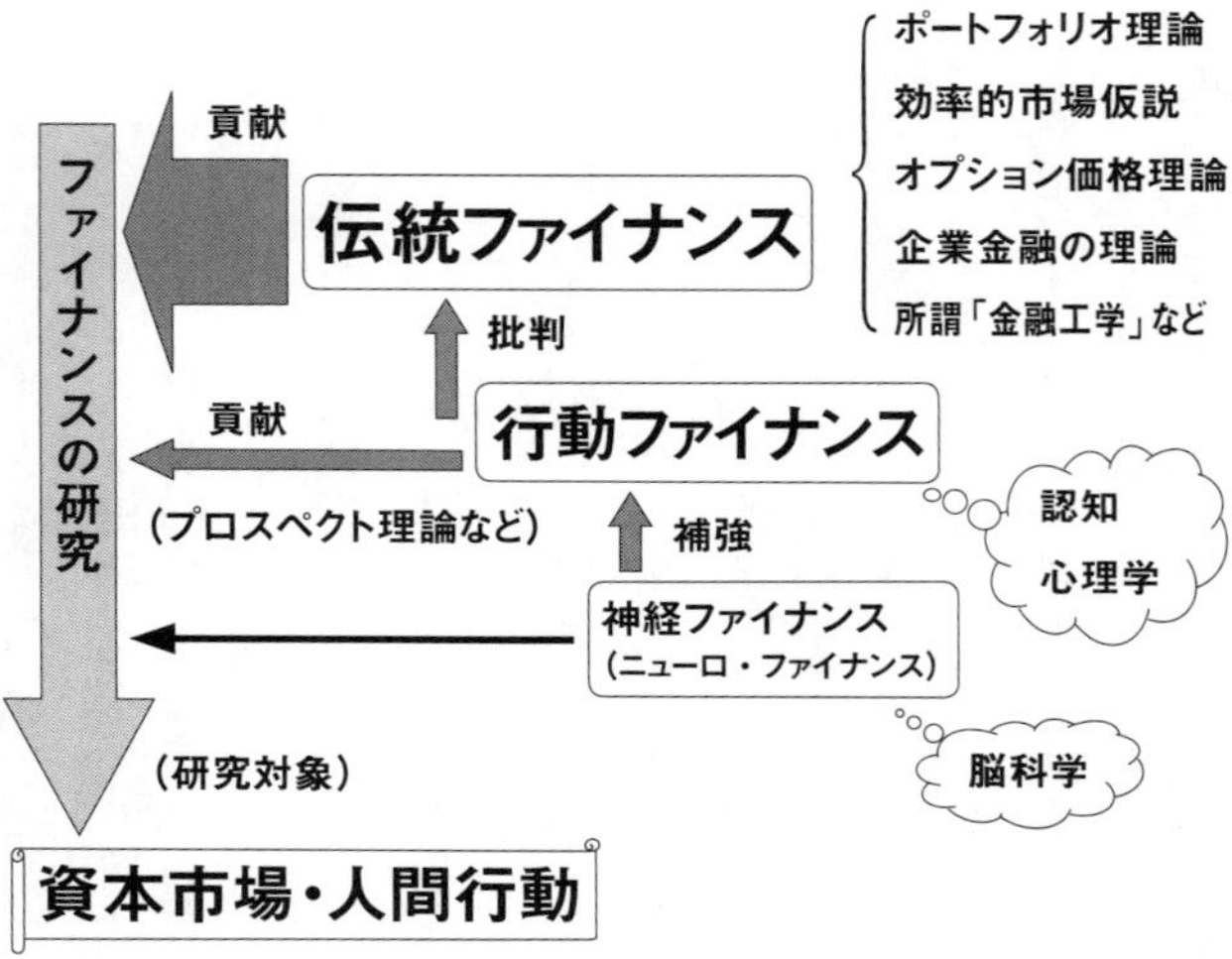

は金融工学と呼ばれるような数学的な展開を取り込んだ伝統的な金融理論（以下、「伝統ファイナンス」）と、過去30年くらいの間に発達を遂げた、心理学を応用した理論である行動ファイナンスの2つの潮流があると理解しておくといいだろう。これらの理論の関係を大まかに図示したのが上の図だ。

伝統ファイナンスの大きな特徴は、（1）人間が正しく判断すると考えること、（2）市場で成立する（株価などの）価格は概ね正しいと考えること、の2点だ。ポートフォリオ理論でも、オプション価格理論でも、多くの場合、市場で裁定が行われるので、「裁定機会がない」（リスクなしに儲けるチャンスが無い）という条件で結論を導く。

資本市場の世界には「儲かるかも知れない」という実用的な関心と、データが豊富であることから、古くからの研究の蓄積がある。伝統ファイナンスは、割引現在価値の考え方で債券価格や株価などを考えるようになった20世紀前半の主に実務家の研究から始まった。

大きな変化を起こしたのは、1950年代の終わりにハリー・マコーヴィッツが、リターンの期待と分散で投資家が価値判断を行い、ポートフォリオを組んで分散投資することによってリスクを減らすことができるというポートフォリオ理論の枠組みを作り上げた業績だ。その後、ポートフォリオの理論を進化させてCAPM（資本資産価格モデル）を作った、ウィリアム・シャープと共に、マコーヴィッツはノーベル経済学賞を受賞した。

その後、情報を瞬時に正しく反映する資本市場観を理論化した「効率的市場仮説」の研究や、ブラック・ショールズ式で有名なオプション価格理論などの業績を含む金融工学と呼ばれるようになる分野が登場するなど（マイロン・ショールズもノーベル経済学賞を受賞した）、研究の厚みと現実への応用貢献の点で、伝統ファイナンスが圧倒的であると評価するのが多分公平だろう。

一方、行動ファイナンスは、伝統ファイナンスの理論の中核にある「完全な裁定」の前提を厳しく批判した。現実には、投資家には判断の誤りがあり、この誤りが統計的な誤差とは違って、一定の偏りを持ち、従って無視できないことを指摘した。

行動ファイナンスは、人間の判断が誤る傾向性を「バイアス」として研究し、その手段として主に認知心理学の研究成果を使った。行動ファイナンスの代表的な業績としては、不確実性のある意思決定のパターンをモデル化したプロスペクト理論などがある。2002年には、この理論の共同創始者の一人であるダニエル・カーネマンがノーベル経済学賞を受賞した。

こうした研究に続いて、行動ファイナンスが「心理学では、こういう傾向が指摘されている」というレベルで利用した知見に対して、近年発達した脳科学の成果を応用して、脳科学レベルの根拠付けを求めようとする「神経ファイナンス（ニューロ・ファイナンス）」と呼ばれるような分野が、特に、2000年代に入ってから発達しつつある。神経ファイナンスは、まだ実用レベルで応用できるような理論モデルを作り上げているわけではないが、投資家の判断の誤りが、生理的・生得的なものなのか、或いは、学習によって改善可能なものなのかといった大きな問題に対する有力なアプローチの一つだ。近年のファイナンスの論文には、脳のMRI画像の写真などが多数載っていることがある。

さて、金融工学も行動ファイナンスも、新しい理論の出現当初は、これを金融市場での運用やトレーディングに応用して儲けることができないか、というストレートで真面目な応用を試みられることがあったのだが、その後、「競争的な市場の世界にあっては、特定の理論で儲け続けることは簡単でない」という当たり前の事実が知られるようになり、こうした応用は下火になった。

代わって登場したのが、投資理論の金融マーケティングへの応用だ。たとえば、金融工学は、複雑な条件の仕組み商品を作り、実質的な手数料を見えにくくすると共に、顧客が魅力的だと誤認しやすい商品の設計に使われている。かつては、金融機関の決算操作に使われ、その後もEB（他社株転換付き社債）のような詐欺まがいの個人向け商品が売られている「仕組み債券」などが、代表的悪い応用の実例だ。

一方、行動ファイナンスも、合理的に判断するとダメでも、投資家が魅力的だと誤って判断しやすい商品の開発及びセールステクニックに広範囲に応用されている。先に挙げた毎月分配型ファンドの商品開発とセールステクニックには、行動ファイナンスの知見が存分に「悪用」されている。

まずは何よりも、投資家の側が理論的な知識（のポイント）を理解し、自衛することが肝心だし、知識を広く世間に広めることが大切だろう（ささやかながら本書の目的はそこにある）。

もちろん、銀行員をはじめとする金融商品の売り手側にとっても、自分が顧客に対して、どういう商品を売ったり、どんなアドバイスをしたりしているのかを、理論とセットで理解することは有用だ。

真にお客様のためになるアドバイスをする上でも、顧客から分厚い手数料をむしり取るためにも、投資理論の理解は有用だ。

但し、いわゆる「諸刃の剣《つるぎ》」ではある。

第三章

銀行員が教えてくれない
お金の「正しい!」知識

銀行員は、お金に関する正しい知識を顧客に伝えるとは限らない。その場合、銀行員が正しい知識を持ちながらも、その知識が銀行のビジネスにとって不都合だから伝えない場合もあるだろうし、銀行員自身が正しい知識を知らない場合もある。

銀行員の名誉のために、筆者の印象を言うと、後者の例が案外多いように思う。読者の価値観によるが、銀行員個人に対して、知っていて言わない「悪い人」よりも、そもそも「知らない人」の方が、役に立たなかったり有害だったりする点では同じだとしても、人間としてはマシだと思うことが多いのではないか。

但し、誤った知識が銀行の行員教育によってもたらされることもあるので、総体としての銀行員を「善意の人」だと解釈することにはたぶん無理がある。

本章では、主にお金の増やし方のポイントについて、銀行員のような売り手側が教えてくれないけれども大事な話をご紹介する。

率直にいって、銀行員も正確に知らない話が多いのではないかと思う。銀行員にも読んで欲しい。

低成長でも、株式はハイリターンを生む

まず、銀行員にも喜んで貰えそうな話題からご説明する。リスク商品を販売するに当た

って、勇気が湧く話だ。

結論から先に言うと、「低成長でも、株式はハイリターンを生む」ということだ。「低成長」の対象は、「経済」でも「企業（の利益）」でもいい。

信じられるだろうか？

多くの人が、日本経済について悲観的な見通しを語る。たとえば、今後しばらく、日本の労働人口が減り続けることが確実であり、このことによって、実質経済成長率は、毎年1％とまでいかずとも、0・5％以上のマイナス効果を受ける。これを生産性の向上で跳ね返さなければ、日本経済にプラス成長はない。それは、その通りだ。

また、目を名目成長に転じるとしても、デフレ脱却はまだ完全に達成されたとは言い難いし、金融・財政政策は（日銀だけでなく、財務省にも責任がある）、デフレ脱却に対して十分安心だとは言い難い。

先のことだから「絶対」はないが、今後しばらくの日本経済は低成長だろう、ということに対しては、今の時点で「そうではない」と反論できる有効な根拠は筆者にもない。

しかし、だからといって、これを「だから、日本株がハイリターンを生むはずがない」という俗論と同一視してはならない。

この点を理解するためには、株価形成の仕組みに遡って、考えてみる必要がある。

$$P=\frac{E}{r-g}$$

P：株価
E：一株当たり利益
r：要求リターン（金利＋リスクプレミアム）
g：利益成長率（一律と仮定する）

（図）利益成長率一定の下の理論株価

株価は将来企業が株主にもたらす利益の割引現在価値の合計として考えることができる。簡単なモデルを作るとして、今期の一株当たりの利益をE、株式投資のリスクに対して投資家が要求するリターンをr、利益の成長率をg（簡略化のために長期的に一定と考える）と考えると、理論的に適正な株価は、図の式のように求められる。

たとえば、ある会社の一株当たりの利益が50円で、投資家の要求リターンが6％、利益成長率が4％なら、この会社の株価は、50÷（0・06－0・04）＝2500円だ。ここで利益成長率が2％に低下すると、50÷（0・06－0・02）＝1250円だ。

スタートの株価が異なるだけで、投資した後に投資家が得ると期待できるリターンは変化しない。

この成長率は、マイナスでも構わない。たとえば、利益成長率がマイナス2％なら、50÷｛0・06－（－0・02）｝＝50÷0・08＝625円が適正株価であり、理屈上、この株価で投資する限り、投資家の期待リターンに変化はない。6％である。投資家にとっての投資の発射台が十分に低ければ、リターンは十分に確保できるのだ。

問題は、現在の株価が十分に低いのかどうか、ということになる。

現実の企業の株価を分析する場合には、成長率が一律の数字で続くということは、粉飾決算を行うのでもない限り、ほぼあり得ない。高成長企業の場合、当面数年間に高い成長率が続いて、その後、成長率が巡航速度に落ちる状態をイメージすることが多い。

経済全体の成長と株価との関係を考える場合は、GDPの名目成長率をイメージするといいだろう。図の式を変形すると、益利回り＝$E/P=r-g$という関係を得ることができる。益利回りは、年間の利益を投資する株価に対する利回りとして見たもので、PER（株価収益率）の逆数だ。

たとえば、株式への要求リターンが6％で、名目成長率のイメージが1％なら、益利回りは5％で、これはPER20倍に相当する。PER20倍以下なら、現在の株価は安いということを意味する。

株式投資への要求リターンは、「金利＋リスクプレミアム」と説明される。株式投資のリスクプレミアムが幾らかという点に関しては、学者が長年論争を続けていて、決着がついていないが、学者・実務家の多くは、5～6％くらいの数字を上げることが多い。筆者もそれくらいの水準で考えることが多い。

リスクプレミアムの上昇は、その過程で株価の下落を招く。しかし、拡大したリスクプレミアムを反映するところまで株価が下がってしまえば、そこで投資する際に期待できるリターンは以前よりも高い。

以上のような「理屈」を説明すると、特にアベノミクスで株価が上昇する前は「理屈はともかく、長期間にわたって株価が下がってきたことをどう説明するのだ」といった反発を受けることが多かった。「あなたが言っていることは、理屈に過ぎないので、現実には当てはまらないのではないか」、といった反応になることもあった。

さすがに株価が上がるとおとなしくなったが、エコノミストや評論家でも、「低成長な国の株価が上がるはずがない」と言い切って日本株にダメ出しして、新興国の株式への投資を勧めるような論調が多かった時期もある。

民主党政権時代まで続いた日本株の長期低迷は、予想成長率が長期間にわたって「以前と比較して下方修正された」と考えると説明できる。さらに、投資家がリスクに対してより敏感になって、リスクプレミアムが拡大したという可能性を考えることもできる。

何れにせよ、成長率の低下も、リスクプレミアムの拡大も、それが株価に反映してしまえば、以後の期待リターンには悪影響を及ぼさない。問題は、成長率でいうと、「これまで予想されていた成長率よりも上がるか・下がるか」の変化の方向性ということになる。ゲームとしての株式投資は、「変化」にいかに先回りし適応するか、適応に於いて他人に対してどう差を付けるかにある。

現実の成長率が、将来、現在思われているよりもさらに低下し続ける可能性がないとはいえないが、人口の減少も、低成長も、今や知らない人はいない。

株価の低迷が長期化していたことで、金融マンやFPにあっても、株式投資のリターンに自信が持てなくなるケースがあるようだ。株価に関する原理原則をしっかり確認しておきたい。

長期投資でリスクは減らない

運用に関する誤解として根強いものに「運用期間が長いと、リスクが縮小するので、大きなリスクを取ることができる」とする考え方がある。

理論的には、幾つか微妙な問題があるが、大筋でいうと、「運用期間が長い方がリスクは小さくなる」というのは完全な間違いだ。

たとえば、100万円を運用しているとして、同じリスク資産に投資するなら、1年間投資するよりも、2年間投資する方が、運用資産の額が取り得る範囲の上下は間違いなく拡大する。

この事情については、仮に、運用資産が期待する利回りを下回る「損」を補塡する保険を契約すると考えた場合に、1年間の契約よりも2年契約の方が保険料は高くなるはずだと考えるとお分かり頂けよう。現在の版は説明方法を変えたが、米国の証券投資分野の定番テキストであるアレックス・ケイン、ツヴィ・ボディー、アラン・J・マーカスの『インベストメント』(最新版の邦訳はマグロウヒル・エデュケーションから)のかつての版では、こうした説明で、「長期投資で、リスクが減るというのは誤りだ」と説明していた。

この問題の数学的な証明はかつて経済学者のサミュエルソンが行った。その内容は、リスク資産のリターンがランダムな過程に従い、投資家のリスクに対する態度が不変で、将来の資産価値が投資で決まるなら、運用期間が長いことがリスク資産への配分をより大きくすることを正当化する要因にならないというものだ(詳しい解説は、たとえば、マーク・クリッツマン『資産運用の常識・非常識』坂口雄作訳、日本経済新聞社、をご参照下さい)。株式のリターン

2年ではこれがプラスマイナス7％であったとした場合、「運用資産額」で見ると、1年後は当初資産額に対して上下90～110％、2年後では86・5～114・5％となる。「年率」の収益率の上下幅が縮んでも、その収益率が複数年に適用されるわけだから、資産額の上下幅はそれなりに大きなものになる。そして、投資家にとって問題なのは、運用資産の価値だ。

マルキール氏の本のこの部分に関して、筆者は金融論として「間違いだ」と思うのだが、この点はこの本が改訂を重ねて第10版に至るも、なかなか訂正されない。

そして、これはマルキール氏の責任ではないが、この間違いは、リスク商品（リスクの無い商品よりも手数料を取りやすい）を売りたい運用業界にとっては、いかにも好都合な話だ。実際、新聞や雑誌がボーナス時期に作る「資産運用特集」などに、日本の株価収益率データを使ってマルキール式のグラフが載っていて、運用期間が長期になるとリスクが縮小する、という説明が付いていることが少なくない。

運用期間が長くなるとリスクは拡大する、という事実を数学的に認めるとしても、現実的には、たとえば、若い投資家は、投資期間が長いから、大きな比率でリスク資産に投資してもいいのではないかという「感じ」が残る人が多いようだ。

結論からいうと、若い人は、自分の金融資産の中でリスク資産の比率を高めてもいい場合が多い。しかし、それは、「運用期間が長いとリスクが小さくなるから」ではない。

正しい理由は、主として、典型的な若い人は、大きくて安定した「人的資本」(将来の稼ぎの割引現在価値)を持っていることと、そもそも所有する金融資産の額が人的資本に対して小さいことだろうと筆者は考えている。この事情は、上の図を見れば、ご理解頂けるだろう。

但し、個人の「人的資本」も、所有する資産額も、将来必要なお金も人によって様々だ。

仮にFPが、個々人の事情の違いを無視して、投資家の年齢や投資期間でリスク資産に投資する比率を決めるようなアドバイスをするとすれば、それはアドバイスとして雑であると同時に、FPとしては職業的自殺行為だと申し上げておく。

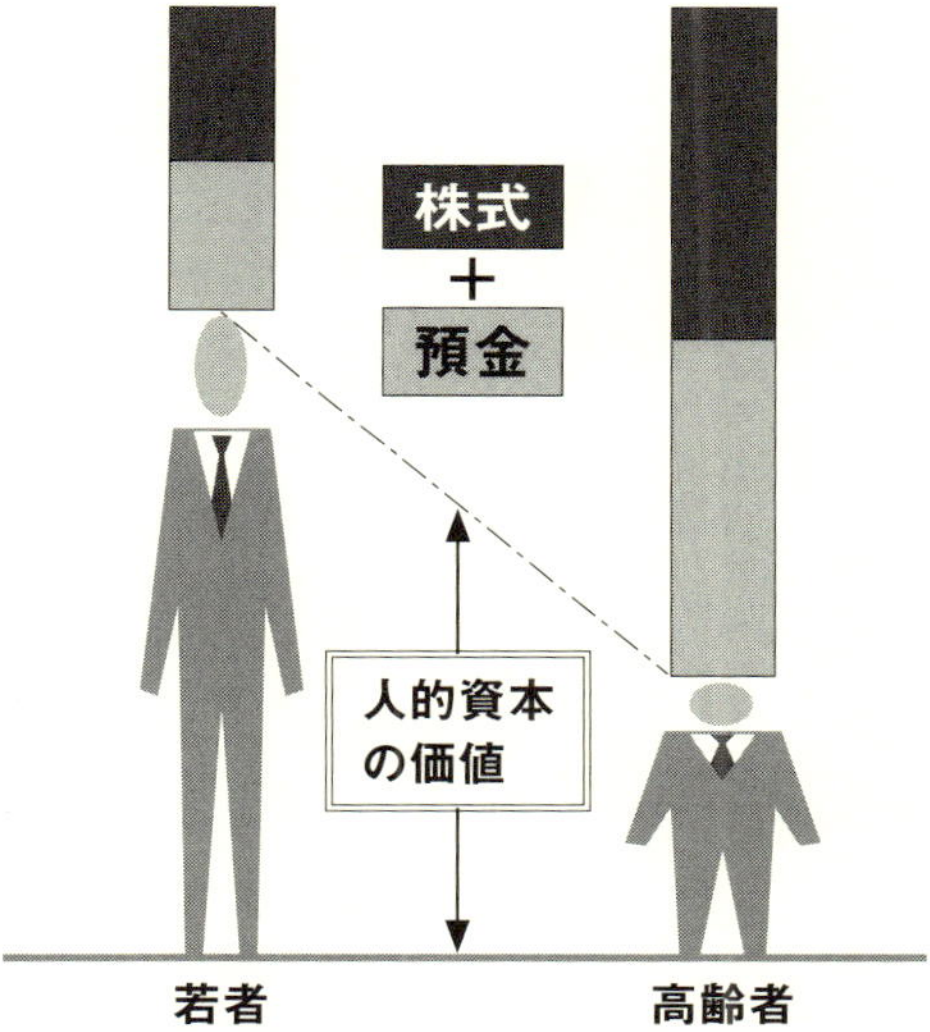

(図) 人的資本と金融資産のリスク概念図

投資における「長期」の本当の効果

投資の世界では、様々なニュアンスで「長期投資」という言葉が使われる。しかし、長期投資には誤解や正確に理解されていないことが少なくない。たとえば、先に説明した「長期投資でリスクが縮小する」というよくある理解は誤りだ。

この点の正確な理解は重要なので繰り返すと、運用期間の長期化と共に、（1）運用資産額の変動幅は拡大する、（2）運用資産の期待額も拡大する、（3）株式リターンの現れ方がランダムであれば（現実は概ねこの通り）投資家が選択すべき最適なリスクの資産比率は運用期間によって変化しない、ということだ。付け加えると、（4）若者が保有金融資産の中でリスク資産に投資していい比率が大きい傾向があることの理由は、運用資産に対して、若者が高齢者よりも大きな人的資本を持っているからだ（但し、人的資本には個人差がある！）。

つまり、この点に関して、バートン・マルキール及び彼の著作『ウォール街のランダム・ウォーカー』は、理論的な理解に誤りがあったが、結果的なアドバイスとしては概ね適切だったという幸運に恵まれたといえる。

長期投資について、一般によくあるもう一つの誤解は、市場全体あるいは個別銘柄の将来の株価などについて、「短期ではよく分からないけれども、長期でならある程度予測できる」、「長期の方が予想は簡単だ」と思っている投資家が少なくないことだ。プロの運用者でそう思っている人もいるし、運用者や金融機関のそういった説明を真に受ける一般投資家も少なくない。しかし、長期ならより不確実性が大きくなるのが現実であり、これも錯覚である。

短期だと予想が外れたことが直ぐに結果として出てくるし、自分も他人も予想を忘れていない。他方、長期だと、予想が検証されるまでに時間が掛かるし、その頃までには、特に外れの場合に、自分の昔の予想を忘れることができる。従って、長期の予想は、当たったものを多く覚えていることになり、「実感として」当たりやすいように思うのが現実だ。

もちろん、投資の仕方として、短期で変化する情報や価格に賭けるか、長期で変化する情報や価格に賭けるかは、それぞれに方法があり、自分の戦略に対して意識的である必要はある。たとえば、業績や株価の長期の変化に賭けている投資家は、近年話題の高速取引の影響や、デイ・トレーダーが気にするような情報に対して気を巡らせる必要はない（明らかな損だけを避ければいい）。

さて、(1)長期投資だからといってリスクが縮むわけではない、(2)長期だからといって相場が当てやすくなるわけではない、という2点からいえることは、「短期」と「長期」で運用内容はたいして変わらないということだ。

短期の運用と長期の運用では内容が大きく異なる、というのは、運用業界、あるいは運用マン個人が、ビジネスの都合上作り上げたフィクションだ。それを彼ら自身もしばしばそのように思い込んでいる、というのが実態に近い。

仮に、あるファンドマネジャーが「長期的には割安な株価の修正が実現するはずだ」と考える銘柄を見つけたとすると、運用期間が短期であっても、このファンドマネジャーにできるのは、やはりその銘柄を持つことだ。彼には、それ以上のことができるわけではない。短期で実現するかどうかは分からないが、「有利な材料」はそこにしかないからだ。

多くの素人は、短期の運用なら動きのいい銘柄に投資して売買で儲け、長期の運用なら有望銘柄をじっくり持って大きく儲けることを狙うのが、長短の運用の正しい使い分けだと思っているが、そのように器用に投資して儲けることなどできないのが現実だ。

それでは、同じ情報と判断力の下では、運用期間の長短で最適な運用内容が全く変わらないのかというと、そうでもない。

読者にとって意外かも知れないが、鍵は売買コストにある。

仮に、株式の期待リターンが年率6％で、株式の売り買いには片道1％掛かるとしよう。運用期間が、3ヵ月か、1年か、10年か、で運用内容はどのように変化するだろうか。

3ヵ月の場合、株式自体の期待収益率は1・5％で売買コストが2％掛かるから、株式に投資する期待収益率はマイナス0・5％となってしまう。これでは株式に投資する意味が無い。

これが、1年の場合には6％から売買コスト2％を引いて、出来上がりの期待収益率は4％となるので、幾らかやる気が出てくる。

さらに10年となると、単純化のために単利で計算すると、10年間で60％の期待収益から2％を引いて58％となり、これを年率に直すと5・8％だ。

前提条件によって答えは多少変わるが、期待収益率が4％と5・8％では、資産配分計画における株式への配分比率は大きく異なるはずだ（年金基金の運用の場合なら1割以上変化してもおかしくない）。

ところが、ここで売買コストがゼロなら、運用期間が3ヵ月でも、1年でも、10年でも、年率の期待リターンは6％で変わらないので、最適な運用の内容は全て同じと計算されるはずだ。多くの場合、運用期間を長期化する最大の効果は売買コストの償却期間を長期化して期待リターンに与えるマイナス効果を抑制できることにある。

プロの世界の話になるが、現実の運用では、どのような変化スピードが想定される情報に基づいて運用するかということと、売買コストとの兼ね合いが問題になる。

たとえば、短期的な株価の動きとか、頻繁に変わる業績予想などをもとにしてポートフォリオを作る場合、運用をスタートする時には理想的なポートフォリオでスタートすることができるが、運用期間の経過と共に「もう魅力を失っているけれども、売買コストを考えると、未だ売却するほどひどいわけではない」という銘柄が、いわば「滓《かす》」のように溜まることがある。筆者は、いわゆるクオンツ運用（数量分析による運用）を過去のデータに当てはめた場合の計算をしていて、多くの事例で、運用開始2年目くらいからパフォーマンスが落ち始めることが多いことを見てこの現象に気付いた。

厳密にいうと、運用を開始する以前の計画段階で、情報の変化スピードと、売買コスト、そして現実的に可能な売買回転率を想定して、運用が長期的に維持可能なものであるか否かを確認しておかなければならない。

さて、以上のように、「長期投資」が現実的に持っている意味は、一般の投資家が抱いているイメージとはかなり異なるものだ。

しかし、現実のビジネスの世界では、「長期投資」は、あたかも宗教が信者を集めるお題目のように顧客集めのキャッチフレーズに使われたり（注：運用と宗教はどちらも不確実な現世御利益を売るよく似たビジネスモデルだ）、あるいは、運用に失敗したファンドマネジャーの

「長期投資なので、長期で評価して下さい」（＝取りあえず、短期では責めないで下さい）という言い訳に使われたりする。

「投資」と「投機」の経済的意味の違い

「投資」と「投機」をどう区別するかは古くからあるテーマだ。読者は、既に一家言お持ちかも知れない。

一般に、「投資」に善、「投機」に悪のイメージを重ねることが多い。これに、「時間」の要素を入れて、「長期で保有するのは投資で、短期で売買するのが投機」とか、「リスクの大きさ」を基準に、「リスクがそこそこまでのものが投資で、リスクがひどく大きいものは投機」というような区別の仕方がよくある分類方法だろうか。

適切でない分類方法だが、インカムゲインとキャピタルゲインの区別にこだわって、「主としてインカムゲインの獲得を目指すのが投資で、キャピタルゲインを狙うのは投機だ」という意見を言う人もいる。しかし、インカムゲインとキャピタルゲインは、両者を「合わせて」総合的に評価するのが金融計算の基本であり、両者をイメージによって区別してしまうのは、明らかに不適当だ。しかし、「毎月分配型ファンド」に引っ掛かる投資家は、こう考えているのかも知れない。愚かなことだ。

筆者は、「投資」と「投機」を、経済的な性質の違いによって区別するのがいいと考えている。

何らかのリスクを取って経済的な生産活動に資本を提供する行為を「投資」と呼び、お互いの見通しの違いに賭けるゼロサムゲーム的なリスクを取ることを「投機」と呼ぶことで、両者を区別したい。

たとえば、企業の株式を持つことは、その企業に資本金を提供して、企業がその間に稼いだ利益の配分を受けようとする行為だ。主に企業の業績が順調であれば、時間の経過と共にプラスのリターンを得ることが期待できる。但し、投資した株価が高過ぎたり、投資した後に企業の業績が想定外の悪化を見せたりした場合には、この限りではない。

期待リターンはあくまでも、リターンの「期待値」だ。必ずこの通りに実現するとは限らないが、資本市場の参加者がリスクに対して回避的であれば、より大きなリスクに対しては、より大きなリスクプレミアムが対応して、リスク資産の価格が決まることになるはずだ。これが、いわゆる「ハイリスク、ハイリターンの原則」の仕組みだ。

「ハイリスク、ハイリターンの原則」は、ある種の自然科学的な法則のように、「計算結果が（ほぼ）必ず実現する」と期待できるものではない。価格の形成に誤りがなければ、さらに、その後に起こることが不運でなければ、平均的にはリスクプレミアムが実現すると期待してもいいのではないか、というような「緩い法則」だ。「原則」と呼んでおくくらいが適当だろう。

とはいえ、リスクを取ることに対して、追加的なプラスのリターンが期待できることは、特に長期的な資産形成を考える投資家が利用すべき味方だ。

他方、「投機」では、たとえばある商品の将来の価格がどの程度上昇するか・下落するかについて、市場に参加している者同士で、お互いの見通しの違いに対して賭けを行う。典型的には商品先物取引に見られるような、リスクの負担は、リスクを取ったからといって、これが追加的なリターンで補償されると期待することができない。たとえば、ある商品の、「売り方」と「買い方」は、共に同じ大きさのリスクを逆方向に取っており、両者の損益の合計はゼロだ。

現実的には、証拠金や担保を差し入れているかも知れないが、これらは資本の提供ではない。将来の契約の清算を確実にするために存在しているに過ぎない。

この種の「資本の提供」ではないゼロサムゲーム的なリスクにあっては、自分が逆の見通しを持つ参加者よりも正しい見通しを持つことができると期待できる場合にのみ、リスク負担に対してプラスの追加的なリターンを得ることが期待できる。しかし、逆の見通しを持ってマーケットに参加している人も同様に思って参加しているのかも知れないし、両者が共に正しいことはあり得ない。

一方、ゼロサムゲーム的なリスクを取るのだとしても、これが、リスク・ヘッジに使える場合があり、社会的に無駄なわけではない。そのリスク・ヘッジが可能にする生産活動があるだろうから、ゼロサムゲーム的なリスク・ポジションの一方にリスクプレミアムが発生する可能性はある。しかし、特段の前提条件がない場合には、この種のゼロサムゲーム的なリスクにはリスクプレミアムがないと考えておくべきだろう。

将来の価格を巡る「ゼロサムゲームのリスク」は、価格変動のリスクを負っているという意味では、「投資のリスク」と同じに見えるが、資本のプライシングを通じて投資家がリスクプレミアムを獲得することが期待できる後者とは明らかに異なる性質のリスクだ。

「投機のリスク」は、自己の責任の下にこれを負う限りにあって倫理的な問題はないと筆者は考えているが、リスクテイクの一般論としては、リスクを拡大しても、期待リターンが増えないのだから、「有利なリスクテイク」ではない。一般論として、特に、長期的な資産形成にあって、「投機のリスク」を取ることは有利とはいえない。

株式投資、不動産投資のリスクは、概ね筆者の意味で「投資のリスク」に該当する。債券投資に関しても、信用リスクの部分は株式投資と似た質の投資のリスクだといっていいだろうし、将来の物価変動や長短金利の変動に関するリスクテイクも、生産行為に資本を提供することに付随するリスクなので、投資のリスクの範疇だろう。

他方、「投機のリスク」に該当するもので重要なのは、為替リスクだ。為替市場では為替レートと金利とがセットで取引されるが、この取引のリスクは、ゼロサムゲーム的なリスクであり、投機のリスクだ。高金利通貨の高金利をハイリターンと勘違いしている人がいるが、これは賢くない。

商品相場のリスクも投機のリスクであり、金もその仲間だ。「金投資」という言葉があるので、間違いやすいが、金の保有は、生産に資本を提供する行為ではない。将来の金価格に賭けているギャンブルがその本質だ。

高金利通貨がハイリターンとは限らない

たとえば、通称「通選」、通貨選択型の投資信託で有名な、ブラジルレアル、南アフリカランド、豪ドルなど、日本円よりも金利の高い通貨の債券や外貨預金は「為替リスクがあるけれども、期待リターン（平均的なリターン）が高いのだろう」と思っている人が少なくないが、これは誤解だ。

金融マンやFPでも、外貨預金や外国債券に関しては、この誤解に捉まっている人が少なくない。彼らは、株式のような資本である資産のリスクとリターンの常識で、外貨預金や外債のリスクについて判断しているのだ。

外国為替は、「為替」という名が付いている通り、支払い手段を取引する仕組みだ。基本は、郵便為替のような「ある条件の下に（誰かに）お金を支払って下さい」という契約をやり取りする仕組みだ。現実的には、やり取りする資金は銀行の預金であり、やり取りされる場は、ニューヨークのマネーセンター・バンクと呼ばれる大手銀行だ。

たとえば、東京市場の取引時間に成立したX銀行とY銀行のドル・円為替取引は、ニューヨークにあるZ銀行（マネーセンター・バンク）内にあるX銀行の口座からY銀行の口座にドル（円）が振り込まれ、Z銀行内にあるY銀行の口座からX銀行の口座に円（ドル）が振り込まれる、といった形で資金が動き決済される。もちろん、資金が動くといっても、銀行員がお札を抱えて走り回るのではなく、電子的なデータの形になっている口座残高が変化するだけだ。

ところで、為替は「支払い」の契約なので、「いつ」それが行われるかが重要だ。つまり、為替レートには暗黙の内に何時の受け渡し時点の為替レートであるか、という情報が付随して取引されている。たとえば「今日」の時点で、今日資金が動く今日の為替レート、スポット（2営業日後に資金が動く）の為替レート、3ヵ月後に資金が動く為替レート、1年後、2年後……と、複数の異なる為替レートが同時に存在している。

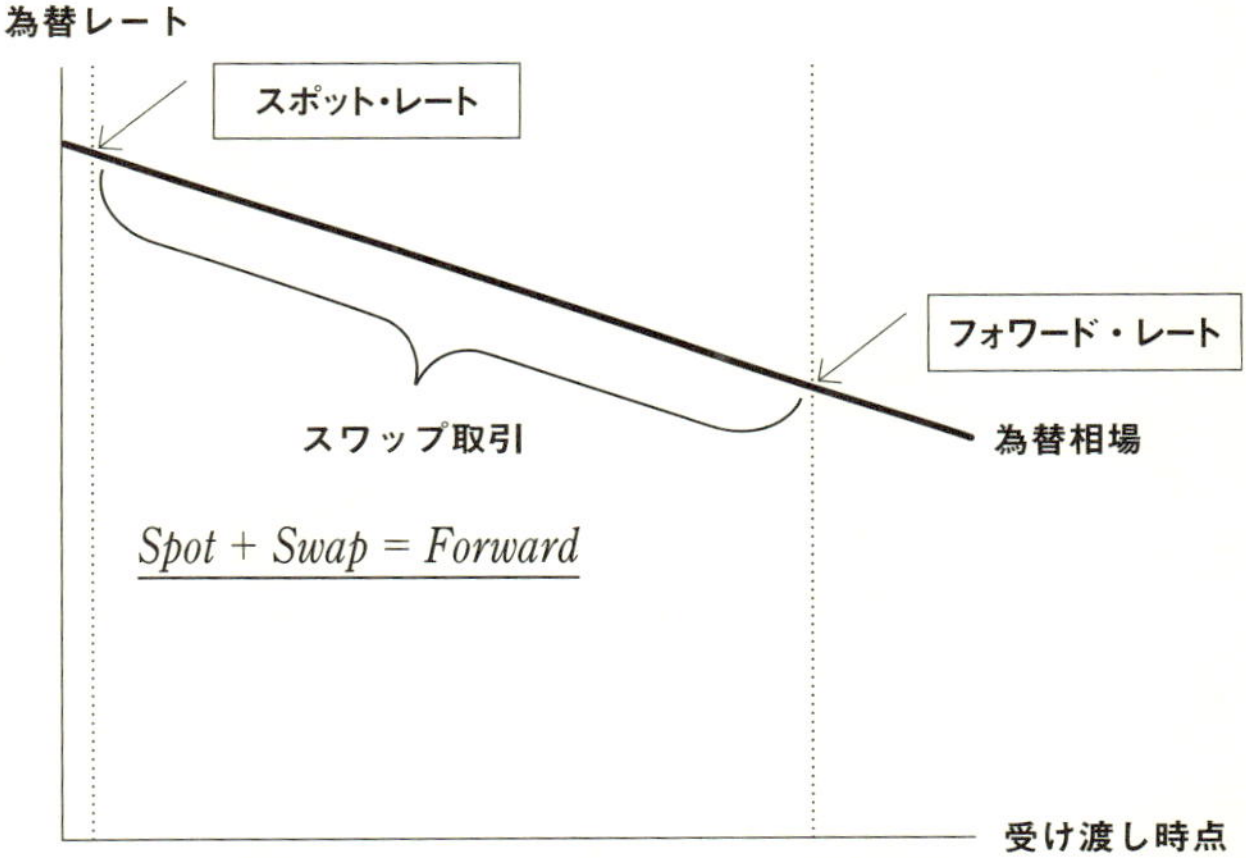

（図）外国為替相場のイメージ（外貨の方が高金利な場合）

つまり、ある時点の為替レートは、「点」ではなく、受け渡し時点の異なる「線」として存在し、線全体が上下し時に傾きも変えつつ変動している、というイメージを持つ必要がある（上図参照）。

資金に時間が関わるということは、金利が関係するということだ。異なる時点で受け渡しされる複数の為替レート間の関係を決めるのは、2国の通貨の金利だ。具体的には、銀行間で借り入れ・運用を行う金利である。

従って、「外国為替は金利と通貨の交換比率がセットで取引されている」という認識が重要だ。

時点の異なる為替相場は、リスク無しで儲けが出る「裁定取引」のチャンスを消すように形成され、この関係は、「金利裁定」と呼ばれている。

具体的には、たとえば、スポット（r_s）の1年先の受け渡しの為替レート（「フォワード・レート」と呼ばれる：r_f）は、国内金利（i_d）と外国金利（r_s）との関係が下の式を満たすように決まる。

外貨の方が高金利の場合、概ね金利差分だけ先渡しの為替レートが円高になるが、厳密には「差」でなく、「比」で計算されることを知っておこう。

外国為替取引の参加者は、複数の通貨について、為替と金利をセットにして、どの通貨での借り入れと運用が有利であるかについて（たぶん真剣に！）予想して、外国為替の取引を行っている。どの通貨と金利の組み合わせが儲かるのかは、原理的には、一概に何ともいえない。取引しようとする時点では、「高金利の通貨と金利」の組み合わせが儲かるとも、「低金利の通貨と金利」の組み合わせが儲かるとも、決めることができない。

つまり、金利が10％ある通貨も、金利が5％ある通貨も、円ベースの損得で考えた場合、0％ちょっとの円金利と「原則的には同じリターン

※金利裁定

$$r_s(1+i_d)=r_f(1+i_f) \Rightarrow r_f=r_s\frac{1+i_d}{1+i_f}$$

だ」と考えるのが、標準的な出発点なのだ。

このあたりの感じは、外国為替や債券の取引に関わったことがないと、実感として理解しにくいかも知れない。

これは、一般投資家が錯覚しやすいポイントなので、高金利通貨を買う外貨預金や外国債券、あるいは投資信託などを投資家にとって魅力的に見せるために使われているのが現実だ。

「外貨預金や外国債券で運用する際には、為替変動のリスクがある。リスクがあれば、これを補うリターンがあるのではないか？」との疑問を持つ向きもあるだろう。

しかし、一つには、取引の相手側を考えてみるといい。相手側は、一定期間、高金利の通貨を渡し、受け取った低金利の通貨で運用する取引に応じているわけで、金利の低さは将来の為替レートでカバーされると思って、取引に応じている。そして、この際、為替変動のリスクがあるのは、相手方も同じだ。

また、為替市場に於いて「円売り・ドル買い」は、「売るための円を借りて、これをドルに替えて、ドル金利で運用する」取引だ。株式の保有のように、自分が利用できる資金を「資本」として企業に渡して、その資本が生産活動に使われることから利益を得ようとする「投資」とは性質が異なる。

外国為替取引の基本は、同じ大きさで逆方向のリスクを持った参加者同士が戦うゼロサム・ゲームであり、その本質は「投機」だ。リスクを取った資本提供が、追加的なリターンで補われるような「投資」の世界とは異なる。

「投機」「投資」に善悪の別はないと筆者は考えるが、(正しい情報を持った主体が自発的に行う取引は基本的に「善」だと考えるのが自由主義の原則だ)、投資と投機では、リスクとリターンの関係が異なることに注意が必要だ。

以上が、時々の相場見通しを離れた原則論だ。「高金利通貨の預金や債券は、期待リターンが高いのだ」という誤解を卒業して頂けただろうか。

損切り・利食いの目標設定は投資には不必要だ

新聞、雑誌、あるいは書籍の初心者向けのマネー運用入門記事によくあるのが、株式や投資信託について「○割上がったら利益確保(利食い)、×割下がったら損切り、とあらかじめ決めておけばいい」という類いの、売却目標価格をあらかじめ決めておけ、というアドバイスだ。

特に、「損切り」ということになると、ある種の精神性というか、説教のような色調を帯びた教えもある。「相場の世界では、損切りができない人間は生き残れない」といった調子だ。銀行の業務で相場と接するといえば、為替や債券のディーラーをはじめとする市場部門だろうか。市場部門の経験者、特にディーラーの経験者は、投資全般にわたっても「損切り」の重要性を説く方が多いのではないかと思う。かくいう筆者も、若い頃の一時期はそう思い込んでいた。

一方、いわゆる「利食い」すなわち、売却による利益の実現については、「損切り」と同程度までに重要性が強調されることは少ないようだ。しかし、特に投資の初心者は売却時期に迷うことが多いので、「売りの目標値段を決めておけ」というアドバイスをするFPやマネー本は少なくない。また、年金基金や投資顧問会社などにも、株式に投資する際には、売却目標の株価を決めておいて、これを守ることが投資の正しいディシプリン（規律）だと思い込んでいる人が、多数派ではないようだが、存在する。

尚、証券会社には、（顧客の）短期売買に関する規制で、「購入から△月以内の損切りでの売却は不可」（利食いならOK）といった内規がしばしば存在する。要は、顧客の希望を確認する書類があれば、損切りの売却でもいいという抜け道があるのだが、事前に決めた一定の価格と時価の関係で投資対象に対する扱いが機械的に変わるという点では、性質が似ている。

さて、これだけ方々に浸透している、損切り・利食いの価格に関するルール設定なのだが、一体どこがダメなのだろうか。

手っ取り早く結論を申し上げると、あらかじめ設定された価格（株価、基準価額など）による損切り・利食い等の事前に決められた「機械的な」売買ルールに従うことは、投資の理屈として考えると「全てダメ！」である。

決定的な理由は、情報の利用に関して合理性を欠くからだ。

仮に、4月1日に買った株式が、6月30日までの3ヵ月間で3割値上がりしたとしよう。ここで、目標売却価格が自分の買値の3割上なのだとしたら、これ以上欲張らずに、ここで売却して利益を確保しなければならない。

しかし、3割株価が上がる過程では、何らかの事態の変化があったはずだ。投資した企業の業績やビジネスに対する見込みが変わったというのが最もありそうな事情だが、景気変動や、マクロ政策の変化、あるいは制度変更などによって、株式全体が高騰するようなニュースがあったのかも知れない。ならば、6月30日時点で分かっている情報で新たに判断して、その株を持ち続けるか、売却するかを検討する方が合理的だ。

この場合、4月1日時点では、自分にとってその時点で利用可能な情報を最大限に使って、その株を買うか買わないかを決めたはずだ。判断に使う情報をわざわざ3ヵ月前のものにはしなかったはずだ。そうであれば、株を買う時点で、将来の売りの目標株価を決めておく必要はない。

賢明なる読者は、この理屈が、利食いの場合だけではなく、損切りの場合にも、そのまま当てはまることを瞬時に理解されただろう。

たとえば、個別銘柄の株価でも、あるいは株価指数でも、たいした理由もなく下がったのだとすれば、それは、投資対象として、買った時点よりも、今の方がより魅力的になったということかも知れない。機械的に売るのは愚かな行動だ。

加えて、もともと自分の買値を基準に判断しようとしていることが、（合理的投資としては）既におかしい。自分がよほどの大株主でもない限り、自分の買値は、将来の株価動向に影響を与える材料ではない。

一般論として、機械的な売買ルールを事前に決めておくというやり方は、機械でもできる運用として便利な場合はあるが、意思決定方法として合理的とはいえない。

同様の理屈は、かつて「ポートフォリオ・インシュランス」と呼ばれた運用の最大損失を限定するような運用手法（1980年代後半に米国で大流行した）や、現行の個人向けの商品でいえば元本を確保すること等を目指す「リスク限定型投信」のようなものにも当てはまるし、システム売買全般に当てはまる。

ここまで批判の範囲を拡げると「本当か？」といぶかしく思われる読者もおられよう

が、運用者の眼から見て、この種の商品にはろくなものがないから、最終的な投資家である顧客は、この種の商品及びアドバイスを全て疑ってかかって間違いないし、疑えば「ダメ！」と分かるはずだから、最初から相手にしないのがいい。

もちろん、金融商品を売る銀行員をはじめとする金融マンの立場では、「完全に顧客の立場に立つ」わけにもいかないだろう。リスク限定型投信を、さも投資家のためになる商品であるかのように売らなければならない場合もあるが、自分のアドバイスや、自分たちの売っている商品の「顧客にとっての本当の意味」は知っておく方がいいだろう。

ところで、若い頃の筆者と同様に、特に為替ディーラーの経験者は「それでも損切りは大事だ！」と言いたい気持ちになっているのではないか。

外国為替のようなゼロサムゲームでは、リスクを取っても期待リターンは増えないので、ポジションをスクエア（リスクゼロ）にすることがもともと合理的であることと、個人が評価損を抱えるとこれを隠そうとしたりさらに大きなリスクを取ろうとしたりする場合があることの2点について考えておかねばならない。これらを抑止する「安全弁」として損切りルールが正当化されやすいというのが、損切りルール存在の本当の理由だ。

株式や投資信託などへの投資の場合、リスクと期待リターンから考えた方針の下に一定のリスクを取っている状態が「標準」のはずだから（これが必ずしも固定的とは限らないが）、損切りや利食いでポジションをゼロにする、というルールが最適な運用状態と合致することはほぼない。頻繁且つ大がかりな損切りや利食いを必要とするポートフォリオは、内容が不安定であって売買コストが過剰に掛かる点で、そもそも運用目的に合っていない「不出来なポートフォリオ」なのである。

テクニカル分析は相手にするな

さすがに「罫線分析」という言葉を使う人はほとんどいなくなったが、ローソク足、移動平均線、一目均衡表など各種のチャート分析、あるいはテクニカル分析のファンは、個人投資家を中心に少なくない。ネット証券などが個人投資家向けにチャート分析の入門講座的なコンテンツを提供することがあるし、FX（外国為替証拠金取引）では、チャートを見て売買する参加者が多い。また、株式投資の入門書にも、「ファンダメンタル分析で銘柄を選んで、テクニカル分析を参考に売買タイミングを決めよう」といったトーンで書かれているものが少なくない。

しかし、プロの運用の世界ではテクニカル分析はまともな投資分析手法として相手にされることはほぼ無い。証券会社は、テクニカル分析が専門の担当者を置くケースがあるが、これは殆ど個人相手のリテール営業用という位置づけだ。率直に言って、アナリストやエコノミストと同列の存在ではない。

バートン・マルキールの『ウォール街のランダム・ウォーカー』では、著者がテクニカル分析が有効ではないと考えており、その結論に自信満々だ。だが、マルキールの議論を追うと、テクニカル分析の否定にずいぶん手こずっており、論理はそれほどクリアではない。

マルキールは、バイ・アンド・ホールドの（株式を資金の全額買ってじっと持っている）ポートフォリオとテクニカルなルールによって組成されたポートフォリオとのパフォーマンスを比べるべきだと述べている。そして、この方法によって有効とされたテクニカル分析手法は今までに一つもないという。

しかし、アメリカの株式投資が長年にわたって順調であったことは既に分かっており、バイ・アンド・ホールドはそもそも有利な戦略だったと後付けで分かっている。仮に、2012年の日本のようなどん底の状態を終点として、テストを行うとバイ・アンド・ホールドは著しく不利だろう。この比較方法は「後知恵」を含み、客観的でない。

また、バイ・アンド・ホールドのポートフォリオとテクニカル分析によるポートフォリオとでは、運用中に取っているリスクの大きさが異なるものになっている公算が大きい。

一応満足のいく検証方法を考えるなら、過去のではなく、「これからの」株価で2つのポートフォリオを比較することと、両者の比較のルール、特にリスクの調整について事前にルールを確定させた上で比較をすることが大切だ。

また、マルキールは、全てのテクニカル分析について検証が行われたわけでもないし、テクニカル分析全体を包括的に否定できるようなテストを考えることができないことを認めている。

テクニカル分析は占いに似ている。有効性の根拠が証明された占いはないが、全ての種類の占いが厳密なテストを受けているわけではない。そして、占いは一部に根強いファンを持つが、政府や企業がこれを大っぴらに意思決定に使うことはない。

決着を付けられないもどかしさから、マルキールが持ち出したのは、「いかなる種類の規則性であれ、人々に知られ、しかも、それを用いて利益が得られるのなら、それは結局のところ自らを破壊することになる」という超越的な推論だ。

ある方法が有効であると確認するためには、正しい検証方法と、十分なサンプルが必要だ。しかし、その方法が本当に有効だと客観的に確かめられるのならば、容易に真似されて同じ売買の参加者が増えて、ほどなく有効な儲けのタネがなくなるだろう。マルキールが言いたいことは、たぶん、そういうことだ。

マルキールはそう書いてはいないが、推測するに、テクニカル分析が他の手法よりもこうした「自壊の罠」に陥りやすい理由は、たぶん、「簡単なので真似されやすい」からなのだろう。

だが、有効性が十分検証された方法は結局自壊するという法則は、テクニカル分析にのみ働くのではない。アナリストやファンドマネジャーが企業を分析して株式の適正価値を求めようとするファンダメンタル分析も、それが有効であると検証されれば、同じ罠に落ちる理屈である。

テクニカル分析に関して、言えそうなことは以下の4点だ。

（1）有効性が満足な形で立証されたテクニカル分析手法はまだない。

（2）全てのテクニカル分析がテストされたわけではない。

（3）短期でモメンタム、長期でリターンリバーサルのように、過去の価格の動きがリターンを改善する情報になる場合はある。

（4）有効な方法が見つかると、これが真似されて、その有効性が減ずる論理的な可能性がある。

これらの条件の中で、現実的に妥当な判断は何か。筆者なら以下のように考える。

まずは、検証を経て有効性が確認されたテクニカル分析手法が登場しない限り、テクニカル分析は参考にならないし、参考にしようがないと考えておくべきだろう。初心者に教えることなど、もってのほかだ（ネット証券は反省すべきだろう）。

また、短期のモメンタム効果の背景にある投資家の情報への反応の遅れや、収益予想改定のトレンド効果（たとえば、いったん上方修正されると上方修正が続きやすい傾向がある）、また、長期のリターンリバーサルの背景にある行動経済学的心理効果などは、価格のパターンの有効性を裏付ける面があるが、これらは、価格変動のパターンとしてのみ理解するよりは、それぞれの現象に対応する研究を知っていて状況を解釈する方がより確実に事態を把握することができる。

つまり、テクニカル分析よりも、ファイナンス研究の知識を持つ方がいい。「有効な方法が見つかる」ところまでは未だ心配には及ばないようだが、テクニカル分析がそれ単独で有効である場合は少ないだろう、という推測を初期値として、それ以外の手法や知識の活用を図る方が現実的には有効だ。

テクニカル分析が有効な方法として認めて貰うための有効性の立証責任は、あくまでもテクニカル分析の側にある。

たとえば、いわゆるローソク足（日本が生んだ優れたビジュアル表現方法だ）のチャートなどは、動きを見ると、つい先の動きを想像してしまうことがある（行動経済学的には、経験的に「典型的」だと思うパターンを過剰に当てはめているに過ぎない）。しかし、株価や為替レートの動きは気まぐれだ。少なくとも、チャートを「予測」や「投資行動」に結びつけるべきではない。

あれは、株屋さんが（筆者も株屋さんだが）、素人顧客を相手にもっともらしい話をするためのツールなのだ。

また、株屋さん側の事情をもう少し説明すると、チャートを見ると初心者でも容易に相場に対して意見を持つことができる。即ち、チャートを教えておくと、顧客が勝手に売買してくれやすい。証券会社にとって、チャートには売買促進機能がある。

こうした実情が分かると、チャートに嵌まることを馬鹿馬鹿しく思わないだろうか。チャート分析は相手にしないのがいい。少なくとも、株価のグラフは、過去の出来事を解釈するためだけに読むべきであって、将来に関連づけてはいけない。

成功報酬は投資家にとって「高くつく」

たいていの金融商品は、市場で得られる不確かなリターンを、売り手側（運用会社、販売会社）と買い手側（投資家）との間で、売り手が先に確実な報酬を取り、残りを買い手が得る構造で分配することになっている。

たとえば、投資信託の手数料は、販売手数料・信託報酬共に１９９０年代に顕著に上昇したが、この間、我が国の株式市場をはじめとして投資環境が悪く、売り手の儲けが増える一方で、投資家の多くは財産を減らした。

投資家の集まりに顔を出すと、「顧客が損をしているのに、自分は事前に決めた手数料をのうのうと取るのだから、ファンドマネジャーはいいご身分だよ……」といった、恨み節を聞くことがよくある。

一般投資家だけでなく、年金基金の理事などでも、「ファンドが儲かった時に手数料を取るのは許せるけど、損した時にも平然と手数料を取るのは納得しがたい」という人はいる。彼に、「では、成功報酬型の手数料ならいいのですか?」と訊くと、「それなら納得できる。プロの運用者は、みなそうあるべきではないか」と答えた。

事実、ヘッジファンドの世界では、「固定報酬年率2%プラス稼いだリターンの2割程度の成功報酬」を運用手数料とするケースが多い。

一般投資家向けのリテールの投資商品でも、一部のものは、成功報酬に重点を置いた報酬体系を設定するものがある。

読者は、投資家として、あるいは運用商品の売り手として、「成功報酬の方が納得できる」とお感じになるだろうか?

「そうだ!」と同意される方は、残念ながら、金融の世界にあっては、いわゆる「カモ」

である。なぜなら、成功報酬型の手数料は、「概して、高くつく」からだ。

たとえば、日経平均をターゲットとするインデックスファンドが、「値上がり益の2割」という成功報酬を設定しているとすれば、これは、高いのか、或いは安いのか。

この手数料契約の経済的価値を評価すると、これは一種のコールオプションと同等のものだ。コールオプションとは、「将来、一定の価格で買う権利」だ。たとえば、現在、日経平均が1万8000円だとして、期間1年、行使価格1万8000円のコールオプションを持っていると、1年後に日経平均を1万8000円で買えるので、1年後に日経平均が1万8000円を超えていた場合、その価格と1万8000円との差額を儲けることができる。

この権利は、一方的に儲かる可能性なので（将来1万8000円よりも値下がりしていた場合は、権利を行使しなければいい）、通常は、「プレミアム」と呼ばれる価格で取引される。

さて、「稼ぎの2割」という成功報酬契約は、日経平均インデックスファンドの場合、日経平均の現在の価格を行使価格とするコールオプションの権利を、ファンド金額の2割の金額に対して持っているのと同等だ。

オプションの価値、即ちプレミアムの理論価格は、主に原資産（この場合、日経平均）の変動の大きさ（「ボラティリティ」と呼ぶ）の影響を受ける算式で計算できる（たとえば、有名な

「ブラック・ショールズ式」で)。

日経平均のボラティリティ(リスクも同じ)を20%として、運用スタート時の日経平均が行使価格、期間が1年のコールオプションのプレミアムを、簡単化のために金利も配当もゼロの前提で計算すると、投資元本の約8%になる(この計算は、iPhoneのアプリでもできる)。「稼ぎの2割」という成功報酬の価値は、この2割ということになるから、この成功報酬の価値は年率約1・6%の固定的な手数料と同等ということだ。

日経平均を持つだけだと、単なるインデックス運用なので、殆どの方が、「これは高い!」と思われるのではないだろうか。

そもそもこうした仕組みを理解し計算ができない投資家に対して実質的に割高な手数料の商品を売ることが問題なのだが、多くの成功報酬型運用商品には、さらにやっかいな問題がある。

仮に、日経平均で運用するとしても、たとえば、先物を使って普通のインデックスファンドの2~3倍のリスクを取ると、どうなるのか。実は、成功報酬の価値も、2~3倍になるのだ。まさにヘッジファンドがそうであるように、運用者が自らの裁量でリスクの大きさを変えられる運用商品の場合、運用者は、運用できるだけ大きなリスクを取ることが、自分にとっての利益拡大につながる。つまり、「勝手に」且つ「事後的に」実質手数料を上げられるのだ。

世界の運用業界にとって、成功報酬のこの性質と、投資家が成功報酬に（愚かにも！）寛大であったことには、大きな利用価値があった。近年の世界的なヘッジファンドの隆盛と、投資銀行マンの1桁上を行く大金持ちのヘッジファンド運用者の誕生は、成功報酬のこうした性質のおかげだ。

しかし、投資家の側から見ると、リスクを負担しているにもかかわらず、儲かった場合の自分の取り分を縮める成功報酬の価値を正しく評価できなかったおかげで、運用会社に対して過大な報酬を払ってきたというのが、その実態だ。

運用者側からは、「顧客が合意して払っているのだから、これでいいのだ」という声を聞くことが少なくないが、成功報酬の実質的な価値についてしっかり計算できている顧客に殆ど会ったことがないことを思うと、特に、ヘッジファンドと成功報酬の組み合わせは、「合法的金融詐欺」に近いと思わざるを得ない。

幸い、リテールの投資商品販売現場では、まだ成功報酬型の商品の占める比率は、それほど大きくないが、仕組み債やＥＢ（他社株転換付き社債）のような個人向けの問題商品がそうだったように、ヘッジファンドも、大口法人顧客向けビジネスが飽和すると、近い将来、リテール市場に鉾先が向かう可能性が大いにある。

販売の現場でどう対応するかは、ビジネスと良心を天秤にかけて判断する問題だが、成功報酬の経済的性質は正しく理解しておきたい。

ヘッジファンドは田舎者が嵌まる

2014年9月のニュースだが、米国最大の公的年金基金であるカリフォルニア州職員退職年金基金（カルパース）がヘッジファンドへの投資を停止すると発表した。将来の大きな相場変動時に年金資金が毀損するのを避ける狙いだという。カルパースは、年金運用を中心とする機関投資家の世界では「先進的な運用」で知られる有名基金であり、運用会社の年金基金向けマーケティングでは、「あのカルパースも採用している」としばしば言及される存在だ。この決定は、他の機関投資家にも影響を与えそうだ。

しかし、日本では、いわゆる「有識者」の会議報告書で、公的年金などの運用にあって、ヘッジファンドなどのオルタナティブ運用の採用を検討すべきだと述べており、「周回遅れ」の感がある。

近年ヘッジファンドの運用成績が低迷していることがカルパースのヘッジファンド投資撤退方針を後押しした要因だろうが、もともと運用の一般論としてヘッジファンドへの投資には、反面教師的に教訓とすべき問題点が複数あった。

一つには、過去のパフォーマンスの過大評価だ。

ヘッジファンドのパフォーマンス評価には、統計学でいうところの「生き残りのバイアス」の問題があることが、学者などからも指摘されていた。上手くいったファンドは統計に生き残っているが、失敗したファンドはひっそりと消えて、集計対象から外れているので、グループとして見た場合のヘッジファンドの運用パフォーマンスが過大評価されやすいのだ。

ヘッジファンドは自分自身も年金基金等に売り込みを行うが、彼らの他に、年金運用のコンサルタントや「ゲートキーパー」と称するヘッジファンドの紹介業者が介在することが多い。こうした仲介者は、「ヘッジファンドは儲かっている」、「いいヘッジファンドは存在する（そして当社はそれを選ぶことができる）」という印象を顧客に与えたいと考えているので、ヘッジファンドのパフォーマンスに関する統計は厳しく評価されない傾向がある。

個人が投資信託を評価する場合にも、運用会社や販売会社が提示する運用パフォーマンスには注意する必要がある。特に「設定来のパフォーマンス」は、設定から間もないファンドが安定しない時期にたまたまベンチマークに付けた差がずっとかけ算で後々まで影響しているケースがある。

もっとも、そもそも過去のパフォーマンスでファンドを選ぶこと自体が、ヘッジファンド投資家を反面教師として止めるべき習慣なので、過去のパフォーマンスにこだわること自体を控えるべきかも知れない。

年金基金などの見込み客達がヘッジファンドを紹介された場合に最も重視するのは「過去のトラックレコード」だ。過去2年の良いレコードがあるとファンドが売りやすいし、3年あると相当の説得力を持つ。

しかし、そもそも「過去のパフォーマンスと将来のパフォーマンスには関係が無い」ことが運用の世界の常識だ。また、ヘッジファンドは、そのファンドなりの視点から見た「価格の歪みが修整される時にリターンを取る」ことを標榜する場合が多いのだが、直近の過去の好成績はむしろ今後のリターンの源泉として期待している価格の歪みが減少していることを意味すると解釈できる場合がある。

苦しい財政状態を抱えながらヘッジファンドに期待して貴重な資金の運用を委託する年金基金などの顧客の投資決定の様子を聞くと、可笑しいような、情けないような、複雑な気持ちになる。

ヘッジファンドに資金を委託する顧客にあって、最も深刻な欠点は手数料の軽視だろう。

先に説明したように、ヘッジファンドの手数料で有名な体系は、固定的な手数料が年率

2%で、これに加えて値上がり益の20%を成功報酬として徴収するものだ。

怪しい商品を売る時には、むしろ高い値段を付けた方が顧客にとって有難味があるように見えやすいというのは、商売にあってはよくあることだが（健康食品や霊感の壺がそうだ）、ヘッジファンドでも強気の値付けがいいのだろう。

ヘッジファンドでなく、投資信託や年金を普通の料率体系で運用する会社を起業すると、運用資産が1000億円ぐらいにならないとなかなか黒字化しないが、ヘッジファンドの場合は、50億〜100億円程度の運用資産でも、会社が黒字になり、ファンドマネジャーが億円単位の報酬を取ることができる場合がある。このビジネス上の効率の良さは、ひとえに運用報酬水準が実質的に高いことからもたらされており、それでも契約してくれる愚かな顧客が存在することとの旨味にある。

年率2%という固定報酬の水準がそもそも法外といえるものだが、成功報酬の効果がさらに大きい。

先ほど説明したように、オプション価格の計算原理が分かっている人から見ると、ヘッジファンドは「合法的な金融詐欺」に限りなく近い。もちろん、資金を任せる愚かな顧客の側にこそ最大の問題と責任がある。

運用内容を離れてビジネスとしてヘッジファンドを眺めると、運用の仕組みを隠しながら高度な運用手法であることをアピールしたり、運用者が自分の資金をファンドに入れていることを強調して信用を得ようとしたり、あるいは、日本人の外国人コンプレックスに乗じて外国人を上手く使って契約を取ったりと、なかなか巧みな工夫をしてビジネスをやっていることが分かる。勢いのある新興宗教の布教や、売れている健康食品のマーケティングの様子を見るようだ。

もちろん、顧客の側では、こういう売り方をしている商品には気を付けろ、という教訓を得るべきなのだ。はっきり言っておこう。ヘッジファンドのような商品にあこがれて、自分のお金を投資しようとするのは、世界の金融の世界では、（悪い意味で）「田舎者」のすることだ。賢いあなたは、ヘッジファンド及びヘッジファンド的な商売を相手にしない方がいい。

ベンチマークと「PLAN・DO・SEE」

投資信託販売がこれだけ普及した今日、読者の多くは「ベンチマーク」という単語の意味をご存じだろう。国内株式ならＴＯＰＩＸ、外国株式ならＭＳＣＩコクサイといった調子で、運用パフォーマンスの比較対象相手となる株価指数が有名だ。

ポートフォリオのパフォーマンスは、絶対値で見るのではなく、ベンチマークと比較しなければならないというのは確かにその通りなのだが、ベンチマークの役割は「パフォーマンス比較の相手」にとどまらない。

もう少し広く定義し直すと、ベンチマークは運用のコミュニケーション・ツールだ。そもそも、「国内株式で運用します」といった時に、どのようなリスクとリターンの特性を持っているのかを説明するには、たとえばＴＯＰＩＸをベンチマークとして過去のリスクなどを示す必要があろう。アセットアロケーション（資産配分計画）を考える場合にも、「国内株式」といったアセットクラスの特質をベンチマークであるＴＯＰＩＸに代表させて情報の縮約機能を利用する必要がある。

また、ベンチマークは運用者がリスクを測る基点ともなるので、運用者は、「特別な情報や判断が無ければ、ベンチマークに近づく運用をする」必要がある。運用者は、ベンチマークに対して相対的なリスクを取って、且つベンチマークに対して勝つことを目指す。リスク測定の基点をベンチマークで示すことによって、ポートフォリオを安定させる効果がある。

スポンサーは運用者に運用を任せる際に、ベンチマークに対して、どのような大きさで、どのような性質のリスクを取るのかを確認することで、資金がどう運用されるのか、より具体的に理解することができる。

ベンチマークというものの介在が無ければ、運用のコミュニケーションは、相当に困難なものになるはずだ。

ベンチマークによって情報を縮約することで、運用全体を計画することが可能になり、実際の運用プロセスにあってはベンチマークがポートフォリオのリスク測定のいわばアンカーになり、最後にポートフォリオのパフォーマンスがベンチマークとの対比で測られる。俗にいう「PLAN・DO・SEE」を、ベンチマークを介在させることによって一貫して結びつけるのが、運用管理の基本だ。

ベンチマークには、中身（銘柄とウェイト）に透明性があって、リターンが再現可能で、ポートフォリオとしてそれ自体が望ましいものであることの3条件が必要だ。

たとえば、日経平均は、投資する銘柄とウェイト（株数）が明らかで、ベンチマークとほぼ同じリターンを再現することが容易な点で優れているが、ファーストリテイリング社のような値嵩株（株価の高い株）のウェイトが大きく、ポートフォリオとしてみた場合に分散投資の観点で少々弱点がある。

「当ファンドは絶対リターンを追求するので、ベンチマークは要らない。ベンチマークが下がったので、マイナスのリターンです、と言われてもお客様は納得できない」などという勇ましいことを言う運用者が時々いるが、この場合、「現金」（短資運用）がベンチマークになって、大きく雑多なリスクを取ると言っているだけのことで、この人（とその顧客）は単に大雑把なだけだ。

「目標」と現実が必ずしも一致しないのが運用の世界の難しいところであり、ベンチマークが上昇しても一方的に沈むことがあるのが「絶対リターン（を標榜する）運用」だ。信じる者は救われない。

売る側では運用の説明、買う側では運用商品の理解にあっては、単独ないし複数の加重ウェイト付けされたベンチマークによって、運用商品を表せるのでなければならない。少なくとも、投資家側では、ベンチマークの分からない商品に投資してはいけない。

投資家の側では、自分の運用をアセットアロケーションと商品選択に分けて考えて、投資配分でウェイト付けされたベンチマークの合計として自分の運用を捉えることで、はじめて自分が取っているリスクを把握することができる。このプロセスを省いて、「お任せ運用」的な商品（バランスファンド等）に投資すると、自分がどのようなリスクを取っているのか分かりにくくなってしまう。

ベンチマークには、株価指数など、既存の「インデックス」が使われることが多いが、ベンチマークは必ずしも既存のインデックスでなくともいい。

年金運用などの世界では、たとえば、割安株による運用を求める場合に、割安株によるポートフォリオをスポンサー側があらかじめ提示して、これをベンチマークとして使うように指示するケースがある。これは、「カスタマイズド・ベンチマーク」と呼ばれるやり方で、この方がポートフォリオの内容を詳しく把握することができるし、運用者のスキルをより正確に測ることができる。

アセットアロケーションのベンチマークと異なるベンチマークをスポンサーが指定して資金委託する場合、そのベンチマークの選択はスポンサーの責任で、指定されたベンチマークと実際に運用されるポートフォリオのパフォーマンスの差が運用者の責任になる。この場合、ベンチマークは、運用に対する意思決定と行動の責任を確定する基準点になる。

個人投資家がカスタマイズド・ベンチマークを使う機会はなかなか無いかも知れないが、一つ、有効なカスタマイズド・ベンチマークをお教えしよう。

それは、「前期末のポートフォリオ」だ。たとえば、3月末時点のポートフォリオをそのまま保有した場合に1年間にどのようなパフォーマンスだったかと、現実に運用されたポートフォリオのパフォーマンスとを比べるのだ。株式の場合、配当の計算が少々面倒かも知れないが、期末のポートフォリオさえ残っていれば、計算は難しくあるまい。

1年間の投資行動がプラスに働いたか、マイナスに働いたかが一目で分かるので、有益なベンチマークだ。個人投資家の場合、手数料を掛けて売買することがマイナスに働くので、半分以上の投資家がこのベンチマークに負けることが予想できる。売買を抑制することになるから、証券会社泣かせのベンチマークだ。銀行員の皆様は、銀行の資金運用部門の評価に使ってもいい。なかなか手強いベンチマークになるはずだ。

インデックスの複数の機能

今ご説明したように運用の成績を評価する場合にベンチマークを使う。確かに、平均株価が上昇した年と下落した年とを区別せずに、投資収益率の絶対値で比べられるのでは、ファンドマネジャーはたまったものではない。

一方、現実にベンチマークとして使われることが多いのは、株価指数や債券指数のような指数、即ち、「インデックス」だ。日本株の運用であれば、代表的な株価指数であるTOPIX（東証株価指数）の投資収益率が運用成績の評価基準である場合が多い。この場合、ベンチマークとインデックスとは「事実上は」同じものだ。

但し、いささか面倒なことに、インデックスには複数の「機能」がある。

1つ目の機能は、統計指標だ。たとえば、エコノミストが日本の株式資産がいつどのくらいの収益率を生んだのかを調べるに当たって、過去のTOPIXを参照する。この際のTOPIXは消費者物価指数のように経済の動向を表す統計指標だ。

現実的に重要なもう一つの機能は、デリバティブの原資産だ。たとえば、日経平均の先物やオプションが無事に取引されることは、日経平均がルール通りに計算されることに依存している。デリバティブは、単なる投機にも使われるが、たとえば、証券会社が機関投資家を相手に大量の株式を売買する場合のヘッジにも使えるので、十分役に立っている。これも、重要な機能だ。

インデックスには、これらと別の機能として、さらに前述のベンチマークの機能がある。また、この機能と別に考えるのがいいかどうか微妙なのだが、インデックスには「インデックスファンド」の運用ターゲットになる機能もある。

現実に、アクティブファンドとインデックスの運用成績を比較すると、平均的には後者の方がいい場合が多い。これは、洋の東西を問わない。

ならば、インデックスのパフォーマンスを目指して運用し、リサーチその他にコストが掛からない分手数料を下げたファンドを商品にするといいという発想が生まれ、インデックスファンドという商品が登場した。これは、資産運用業におけるイノベーションとして、最大級のものの一つだ。

現在、運用手数料を比較した場合、アクティブファンドとインデックスファンドには大きな差があり、投資家にとっては、手数料の安いインデックスファンドに投資する方がはっきり合理的だ。

世間には、運用理論を中途半端に聞きかじって、「市場が効率的な場合はインデックスファンドがいいが、市場が効率的でない場合はアクティブファンドがいい」という人がいるが、これは正しくない。身も蓋もない話だが、運用商品に現状のような大きな手数料差がある場合、市場が非効率的であっても（つまり、株価形成に大きな間違いがたくさんあっても）、インデックスファンドに投資する方が経済合理的だ。株価形成が間違っていることと、特定の投資家がそれを利用できることとは別のことだ。

「運用の上手いアクティブファンドを選んで投資すれば、そうではない」という意見があるかも知れないが、運用の上手い（相対的な運用成績がいい）アクティブファンドを、「事前に」選ぶことはできないので、この反論は無効だ。

内外のアカデミックな研究によると、過去の運用成績は、将来の運用成績と「無関係」なのだ。野球のように、昨年までの打率が高い打者は、今年も打率が高いだろう、という類推が利かない世界なのである。過去の成績がいいファンドを選べばいいということでもない。運用会社やファンドマネジャーの良し悪しが事前に評価できる方法があるわけでもない。顧客であっても、ＦＰであっても、セールスマンであっても、自分は「いいファンドを選ぶことができる」と思うのは「勘違い」なのだ。勘違いを押し通したまま、アクティブファンドを売り歩いたり、他人にアドバイスをしてお金を取ったりする行為は、「半分詐欺」だと言ってよい。

しかし、アクティブファンドとインデックスファンドの差よりももっと小さな差の世界での話だが、インデックスファンドが、たとえば株式投資をするに当たって、完璧な運用商品なのかというと、それは違う。

たとえば、ＴＯＰＩＸやＳ＆Ｐ５００のような株価指数は、基本的に構成銘柄のウェイトが当該銘柄の時価総額の大小によって決まる。つまり、投資家に現在高く評価されている時価総額の大きな会社のウェイトは大きいということなのだが、投資に当たって持っていたいのは、「既に大きな会社」ではなくて、「これから大きくなる可能性のある会社」だろう。もちろん、それは「事前には」分からないわけだが、たとえば、現在時価総額が一番大きな銘柄が、一番力を入れて投資したい銘柄か、と訊かれるなら、プロ・アマ問わず、多くの人が「そうではない」と答えるのではなかろうか。

この点を考えると、ＴＯＰＩＸは統計指標としては株式による社会全体の富の増え具合を表す指標として望ましいが、運用されるポートフォリオとしては、「今一つ」と言いたい面がある。

一方、日経平均は、どの銘柄が何株で計算されるかがはっきりしていて、かつ銘柄数も

225銘柄とTOPIXの約1900銘柄よりも少ないので、デリバティブの裁定取引に使うには大変都合がいい。しかし、運用するポートフォリオとして日経平均を見ると、値嵩株のウェイトが異様に高く、バランスが悪いし、分散投資の効果が損なわれていて、且つ、値嵩株の期待リターンが高いと判断する根拠もない。これも、運用のターゲットとしては「今一つ」だ。

また、TOPIXでも日経平均でもあることだが、銘柄の入れ替えや、指数の中に於ける銘柄ウェイトの変更が、証券会社の自己取引や目端の利く投資家に利用されることで、ポートフォリオとしてのインデックスの運用パフォーマンスが損なわれる現象が起こっている（2000年の日経平均の銘柄入れ替えがその最たる例だ。これほどひどい事例はその後に無いが）。

これは、インデックスが、裁定取引に利用されたり、インデックスファンドのターゲットになったりすることが、市場参加者に利用されて発生する不具合である。

これらの不都合は、インデックスに複数の機能が混在していることから起こっている。

仮に、「運用ポートフォリオとして望ましい」という観点からだけ作られているインデックスがあって、これが先物取引などには使われず、これをトレースする運用手数料の安いインデックスファンド（できればETF）があるとすれば、現実的な運用対象としてはベストにより近づくだろう。

インデックスファンドの運用にも巧拙があるし、商品自体としてのインデックスファンドにも改善の余地はある。小さな差であるかも知れないが、確かな差が存在することを覚えておこう。

アナリストを信じるな！

物事を分析する人一般をアナリストと称するが、金融の世界では証券アナリストを指すことが多い。証券アナリストは、株式や債券などの証券の価値を分析する職業だが、そのために、これらの証券を発行する企業のビジネスを分析するので、彼らの主な仕事は、個々の企業や企業が属するセクター（業種）を分析して、その結果を発表することだ。

企業に大きなニュースがあった場合に、テレビなどでコメントするのは多くの場合その企業が属する業界を分析するアナリストだ。また、アナリストは、雑誌などの媒体で投資を推奨する銘柄を挙げる場合もある。

職業アナリストには、大きく分けて「セルサイド・アナリスト」と「バイサイド・アナリスト」の2種類がある。前者は、主に証券会社にいて、機関投資家をはじめとする顧客に情報を提供するアナリストであり、一般人がニュースへのコメントなどで目にすることが多いのは、こちらだ。

これに対して、バイサイド・アナリストは、運用会社に所属していて、自社向けにのみ情報を提供する。こちらは、ビジネス上運用会社独自の運用情報の源という位置づけになる。融資判断のための情報に利用される銀行の調査部でセクター調査をしている担当者の仕事に近い。彼らのレポートは原則として社内だけが読者なので、率直にいって、仕事としては地味だ。セルサイドへの転職を目指すバイサイド・アナリストも多いし、運用会社によっては、ファンドマネジャーの教育プロセスとして調査部に配属されることもある。この場合、アナリストはファンドマネジャーを目指す上での下積み仕事だ。

セルサイド・アナリストは、対外的に名前を知られやすいし、人気と知名度のあるアナリストになると、外資系の証券会社（「投資銀行」と称する会社も業態は普通の証券会社だ）などで高額の報酬を得ることも多い。

セルサイド、バイサイド共に、アナリストが分析する対象は自分が担当するセクターの企業であることが多い。時に所属する組織の都合や教育的なローテーションで、別のセクターの担当に配置替えになることもあるが、多くの場合は、自分の担当セクターで実績と知名度を上げようと仕事に励む。

自分で独立して証券会社や運用会社にレポートを売り投資家の前でプレゼンテーションを行うような独立系のアナリストを除くと、セルサイド・アナリストは、レポートを直接売って稼ぐのではなく、会社の顧客である投資家から評価されて、投資家が会社を使って証券を売買してくれたことによる手数料でコストが賄われている。

構造として、銀行の窓口で投資信託を売る担当者が、顧客へのアドバイスそのものに対する対価を相談料のような形で受け取るのではなく、顧客が買ってくれた投信から上がる手数料を稼ぎの源とするのと同じだ。

ビジネス一般の傾向として、相談やアドバイスを直接売るよりも、商品を買わせる方が、利益が大きいことがしばしばあるが、セルサイド・アナリストの場合も同じだ。

しかし、近年株式売買の手数料が下がり、アベノミクス以前は日本株が長らく低迷したこともあって、国内系・外資系共に調査部を縮小したり、アナリストを解雇したりしたので、かつてほどスター・アナリストが高給を取る時代ではなくなった。

セルサイドのアナリストの収入源として、もう一つ無視できないのが発行市場での稼ぎだ。株式の売り出し、株式や債券による資金調達などで、証券会社は発行体の企業から大きな手数料収入を得ることがあるし、M&A（企業の合併・買収）のアドバイス料で稼ぐこともあるが、この場合、ビジネス対象になっている企業をカバーするアナリストが、実質的に社長と話ができるセールスマンになったり、企業に都合の良い情報を流すことが期待される協力的な情報提供者になったりすることがある。

アナリストはブローカレージ（仲介売買）部門で雇われていて、発行部門との間には情報の隔壁（「チャイニーズ・ウォール」と呼ばれる）があり、収益や評価の上で無関係なのでアナリストの行動には影響が無いという建前になっている会社が殆どだが、この建前には無理がある。現実に会社に収益が上がる以上、それがアナリストの行動や社内での評価に影響を与えないはずがない。

ネットバブル時代やエンロン事件などで、米国の複数の大物セルサイド・アナリスト達が、自分では全く評価していない銘柄を大いにもて囃して、投資家を欺き、自社のビジネスに貢献して、巨額の報酬を取っていた事実が明るみに出た。ビジネス構造が変わらない限り、米国でも、日本でも、同様のことはまた起こり得るし、大きな問題になっていないだけで、セルサイド・アナリストが提供する情報は自社のビジネスの都合でしばしば歪んでいる。

このあたりの構造は、投信の販売窓口の担当者が、自分では買いたいと思わないような手数料の高い投信を顧客に勧めてしまう構造と似ている。

セルサイド、バイサイドを問わず、アナリストは分析対象企業の財務諸表や公開情報を分析するのと共に、企業の経営者やＣＦＯ（最高財務担当責任者）などにインタビューを行うし、工場を見学するなどの実地調査も行ってレポートを書く。カバーするセクターや企業に関する知識は概ね豊富な彼らだが、アナリストの判断は、投資にどの程度役立つのだろうか。

この点に関する調査は、株式運用の世界を中心に、米国で豊富だし、日本でも行われてきたが、「アナリストの情報を用いて、平均的且つ安定的に利益を獲得することはできない」というのが残念ながら結論だ。仮に分析によって安定的な利益獲得が可能なら、アナリストがお金を運用すれば良いのだが、現実はそうなっていない。また、企業の内部者や取引先、あるいは真剣な株主などと比較して、外部のアナリストが情報上優位に立ち続けることが難しいのも現実だ。

現実に、有力なアナリストの銘柄評価の発表・変更などが株価に一時的に影響することなどはあるが、常に影響があるとも限らないし、既に株価に情報が織り込まれていて発表時にむしろ評価とは逆方向への反応が起こることもある。投資の方法として、アナリストを追いかけるのは有効ではない。

投資に関する情報を、分析し、まとめて、これにコメントする仕事には今後もニーズがあるだろうが、アナリストに対して、投資のリターンを改善する上で役に立つ専門家として期待するのは止めた方がいい。

現時点では、このことを正しく知られて不都合なのは、銀行よりも証券会社の方だろうが、何れの顧客であっても個人の側で、正しい認識を持っておくことが重要だ。

ここまで言うと、読者は問いかけたいかも知れない。

「アナリストの言うことを頼っていけないなら、経済を分析するエコノミストの言うこともそうなのではないか?」あるいは「たとえば、山崎さんのような経済評論家も信用してはいけないということですよね?」。

何れのご質問にも、百パーセントの自信を持って「その通りです!」とお答えする。

他人を、ましてプロを「頼る」「信じる」「あてにする」のは全てダメだ。

投資家の誤解、ワースト5

本章では、お金の主に運用に関わる「常識」について、個人顧客にとって(たぶん銀行員にとっても)意外と思われるような話を中心にご紹介した。章の最後に、銀行や証券会社の個人顧客が勘違いしやすい点を改めて5点確認しておきたい。読者は、復習がてら、同時にご自身がこうした誤解に陥っていないかのチェックがてら、読んでみて欲しい。

どれも十分深刻な誤解なのだが、影響が軽微な方から紹介しよう。

ワースト5の第5位は、「長期投資すると、リスクが縮小する」という誤解だ。この誤解は、若い人は運用期間が長いので、大きなリスクを取っても大丈夫だというアドバイスにつながっている。「長期投資なのだから大丈夫です！」と言って、金融マンがリスクの高い商品（リスクの高い商品は手数料も高い傾向がある）を勧める際の地ならしに利用されている誤解だ。

この誤解は、運用期間を平均して年率化したリターンのバラツキが、運用期間の長期化と共に縮小することを示す、右側（運用期間の長期側）に向かって上下の幅が縮むラッパ状のグラフと共に示されることが多い。しかし、このグラフは、事実を表しているとしても、「見方」が正しくない。同じデータに対して、運用資産額が取り得る上下の幅をプロットすると、運用期間が長期化すればするほど運用資産額の上下の幅、すなわち不確実性が拡大していることが分かる。

高齢者に比べて若い人の方が、金融資産に占めるリスク資産の割合が高くてもいい理由は、一つには若い人はこれから稼ぐので今はお金が無くとも「人的資本」が潤沢で、それなりに個人差はあっても実質的な資産家であることだ。もう一つには若い人はそもそも運用している金融資産の額が小さいから、金融資産の中でリスク資産の比率が大きくても、絶対的なリスクが大きくないことがある。

傾向として若い人の場合にリスク資産運用の比率が大きくてもいい場合が多いが、個人差は大きい。年齢と収入くらいの場合分けでパターン化された運用アドバイスは不適切だ。

たとえば、高齢者であっても、将来に必要な支出に対して十分余裕のある資産額を持っている場合、リスク資産のウェイトを落とさなければならない理由は無い(ポートフォリオまで歳を取らせるな!)。個々のケースに応じて考えることが大切だ。

次に、前章でも述べたが、高齢者の運用に関連して、「高齢者には配当や分配金のようなインカムゲインを指向する運用が向いている」というのは誤った先入観だ。これが、誤解のワースト5の第4位だ。

毎月分配型の投資信託は、一切買わないのが合理的な経済人の行動だ。しかし、合理的な行動がなかなかスンナリ実現しないのが、現実の残念なところだ。

毎月分配型ファンドは、課税タイミングが早い分年1回分配の投信よりも確実に損な仕組みだし、具体的な商品は手数料が高過ぎ、また通貨選択型などに至ってはリスクが過大だ(たとえば、ブラジルレアルは通貨単体で日経平均以上のリスクがある)。しかし、この種の投資信託は、頻繁な分配を過大評価する心理や、インカムゲインをありがたがる、分配金の安定をもって運用全体に安定性を感じてしまう、などの諸々の誤解(行動経済学で説明できる)によって、高齢者などファイナンシャル・リテラシーの低い顧客によく売れている。

はっきりいって、毎月分配型の投信に、親戚や友達に勧められるような商品は「1本も無い！」し、現在この商品を保有している投資家は、自分の買値に関係なく、即刻解約するのが金融論的には正解だ。もちろん、正解の方が選択としてはっきり得だ。

手数料といえば、アクティブ運用の投資信託の手数料も何とかならないか。手数料が高いにもかかわらず、アクティブ運用の投資信託に投資する誤解がワースト５の第３位だ。

１９９０年代に入ったばかりの頃、国内株式に概ね１００％投資するタイプのアクティブファンドの信託報酬は平均０・８％見当だったが、その後、これが高騰し、現在では１・５％近辺の水準だ。

また、ファイナンシャル・アドバイザーは、顧客に対して、「良いアクティブファンドを探すことが大事だ」と言って、アドバイス料や商品の仲介手数料を稼いでいるが、アクティブ運用に関しては、（１）アクティブ運用の平均はインデックス運用に負けている、（２）良い運用のアクティブファンドを「事前に」選ぶことは誰にもできない、という運用業界にとっては「不都合な２つの真実」が存在する。念のため申し添えると、３年見ようが、５年見ようが、過去の運用パフォーマンスと、「これからのパフォーマンス」には安定した関係がないことが、アカデミックにも運用業界内でも常識だ。

つまり「手数料は高いけれども、運用が上手いアクティブファンド」などというものを顧客に勧める金融マンは、顧客側から見るとたちの悪い嘘つきなので、遠ざけるべきだ。

ワースト5の第2位として挙げたいのは、多くの顧客が誤解しやすいポイントなのだが、外貨の預金・債券などの金利と為替リスクの関係がある。たとえば、ブラジルレアルや豪ドルといった相対的な高金利通貨に対して、「(円で見たとしても)期待リターンは高いが、リスクがある」と「ハイリスク、ハイリターンの原則」を当てはめた理解をしがちだが、これは誤りなのだ。

国際的な資金市場では、為替レートと金利は「セットで」取引される(そもそも支払い手段の売買である「為替」とはそういうものだ)。どの通貨と金利の組み合わせが有利かを必死に探して取引しているのがマーケットだ。外貨建ての高金利を、そのまま円建ての利回りに当てはめて「為替リスクがあるけれども、高利回りが期待できる」と考えるのは、国際金融の世界を知らない金融的田舎者の恥ずかしい誤解だ。

一方、金融機関側から見ると、顧客側でこうした誤解を持ってくれていることが収益のチャンスになっているのが現実だ。誤解につけ込んで商品を売ろうとするのだから、商道徳的には好ましいことではない。

さて、最も危険で悪い影響をもたらしている「お金の誤解ワースト5」の栄えある第1

位の誤解は、個々の銀行員には申し訳ないが、「銀行員は、運用の相談をするのにふさわしい相手だ」という顧客側の先入観だ。

歴史的経緯と、金融行政の対応もあって、証券マンよりも銀行員の方が顧客から警戒されていないが、今や、銀行員も証券マン並みの手数料稼ぎに走る場合があり、顧客は両方を警戒するのが正しい。もちろん、ここでは、証券マンにも同様の警戒心を抱くべきだ、と付け加えておくことがフェアではあるだろう。

銀行員は、顧客の資産の全体像に近いものを把握していることが多いし、顧客の口座のお金の動きから顧客の経済生活の詳細をかなり把握することができる立場にあるということは、第一章で述べた通りだ。

たとえば、満期を迎える定期預金があり、これを毎月分配型の投信に投資しないかと勧誘された場合、顧客側は、証券マンに対するように「今、お金がないからゴメン！」と断ることができない。銀行員が勧める商品のどこがダメなのかをよどみなく答えられる人は少ないだろう。銀行員は、多くの顧客にとって「手強すぎるセールスマン」だ。

他人と自分とでは、持っている情報が異なる。他人は自分の利益のために行動することを目的としていない。世の中は、多くの場合、こうした「情報の非対称性」の下でのゲームとして成り立っている。他人を当てにしたり、他人を信じたりするのは、特にお金が絡む世界では厳禁だ。「信じる者は、救われない!」と覚えておこう。

他方、売り手の側では、ビジネスに臨む態度として、「顧客の誤解は売り手側のチャンスだ」と考えるやり方もあろう。

しかし、顧客との共存と顧客からの信用の獲得のメリットを考えると、売り手側が「短期間に過剰に儲け過ぎない方がいい」と思う節度が明らかに必要だ。短期間に獲物を獲り過ぎて、獲物が絶滅してしまうと困るのも明らかだろう。「長期投資」を念頭に物事を考えるべきなのは、投資家ばかりではなく、売り手の側でこそあるのかも知れない。

そして、特に日本の場合、顧客側は取引銀行に対してそういう節度を期待しているのではないだろうか。

【投資家の誤解　ワースト5】

5位　長期投資すると、リスクが縮小する
4位　高齢者には配当や分配金のようなインカムゲインを指向する運用が向いている
3位　手数料が高いにもかかわらず、アクティブ運用の投資信託に投資する
2位　高金利通貨には為替リスクがあるけれども、高利回りが期待できる
1位　銀行員は、運用の相談をするのにふさわしい相手だ

第四章　個人はお金をどう運用したらいいのか

前章まで、主にお金の運用について、一般に広まっている常識と異なる正しい運用常識、銀行員その他の売り手側が顧客から手数料を巻き上げるために使っている「手口」とその背景にある投資の理論などについて説明してきた。

ここまでの内容を理解された読者は、今や、おそらく大半の銀行員よりも、お金の運用について、より深くて、正しい知識を持ったはずだ。

一方、あれに気を付けろ（最たるものは銀行員！）、これは間違いだ（特に毎月分配型とラップ）、という話ばかりを聞かされても、読者は楽しくあるまい。個人が自分のお金について具体的にどうしたらいいのか、前向きな話をそろそろ知りたいだろう。本章はそのご期待に応える。

まず、「個人は自分のお金をこう運用したらいい」という方法をざっと説明する。章末にはお金の運用の意思決定にあってポイントになる「考え方」を10個ご紹介して、知識の総仕上げとする。

「普通の人」のための運用の簡便法7つのステップ

以下は、これからお金の運用を行おうとする個人を前提に考えた、「個人用・お金の運用簡便法」だ。このステップに従ってお金を扱うなら、無難でシンプル、且つローコストで効率的な運用が誰でもできるはずだ。

【個人用・お金の運用簡便法】

① 当面必要になるかも知れないお金を銀行の普通預金に置く。金額は絶対に借金の必要が生じない程度の余裕を持って（たとえば3ヵ月分の支出額）。残った当面使わないお金を「運用するお金」なのだと認識する。

② ネット証券に口座を開く。

③ 確定拠出年金、NISA（少額投資非課税制度）について自分に利用可能な枠を確認する。両者とも、使える最大限に利用する。NISAは銀行ではなく証券会社（含むネット証券）に口座を開く。

④ 運用するお金の中で、「リスク資産」を持つ「金額」を決める。この場合、リスク資産を「1年で投資額の3分の1くらいの大損をするかも知れないが、平均的には銀行預金よりも5％利回りが高く、幸運なら大損の確率と同じ確率で4割くらい儲かるかも知れないもの」だと思って、幾ら買いたいか金額を決める。

⑤ 「リスク資産」に配分したお金を、50％はTOPIX連動型のETFに、50％を外国株式に連動するインデックスファンドに投資する。商品選択の基準は、最も手数料の安

いもの。銘柄は、本書執筆時点で、国内株式は「MAXISトピックス上場投信」(コード番号1348)、外国株式は「ニッセイ外国株式インデックスファンド」または「三井住友・DC全海外株式インデックスファンド」の何れか(現時点でより手数料が安いのは後者)。

⑥確定拠出年金とNISAには、リスク資産を集中し、全体の合計で「国内株式」「外国株式」が50%ずつになればいい。両口座の利用枠で足りない分については、ネット証券の口座で投資する。

⑦「運用するお金」で「リスク資産」で持たないお金を「無リスク資産」で運用する。内訳は、①しばらく動かさないが絶対に損したくないお金は「個人向け国債・変動金利10年満期型」に、②頻繁に出し入れするお金は銀行の預金か証券会社のMRF(マネー・リザーブ・ファンド)に配分する。③但し、銀行預金は「一人で、一行当たり、1000万円」までに。

では、この7つのステップについて順に、細かく説明していこう。

①生活防衛資金

運用に回さないお金を別途確保しておくことは明らかに必要だ。その額の決め方は、人により、生活の様子により異なるだろうが、概ね毎月の生活費の3ヵ月分くらいあれば十分な場合が多いのではないだろうかと筆者は考える。

②ネット証券に口座開設

読者は既に銀行に、たぶん普通預金の口座をお持ちだろう。これとは別に、資産運用のための口座をネット証券に開設しよう。

ネット証券をお勧めする理由が2つある。

一つは、手数料が安いことだ。運用商品の販売手数料に関して「一物一価の法則」が成り立っていないことは先に述べた通りだ。相対的に余計な手数料を払うのは、それが損であることに加えて、心理的にも悔しい。

もう一つの理由は、セールスの圧力に晒されずに済むことだ。セールスマンと話さずに済むことこそが、ネット証券の最大の長所ではないだろうか。

筆者はネット証券である楽天証券の社員であり、利害関係者だ。ネット証券の選択は「楽天証券に！」と言いたいところを我慢するので、読者自身がよく考えて選んで欲しい。

③確定拠出年金(DC)とNISAの口座開設

DCもNISAもどちらも税金面で優遇を受けられる制度だ。お金の運用を行う以上、最大限に使わないのは「もったいない」。利用できる最大限の枠を利用すべきだ。

会社にお勤めの方は、まずご自分の勤め先が、確定拠出年金制度(「企業型確定拠出年金」と呼ぶ)を用意しているかどうかを確認しよう。会社にDCがあれば、これを利用する。

会社によって制度設計が異なり、利用の有無や利用する金額を社員が選択できるようなケースがあるが、自分にとって利用できる最大限の金額を選択するのがいいだろう。

会社にDCが無い場合、次に、厚生年金の他に会社が独自の企業年金制度(いわゆる「3階部分」)を用意しているか否かを確認しよう。現状の制度では、公的年金に加えて、会社独自の企業年金制度がある場合は、DCが利用できない。公務員の年金制度にも独自の「3階部分」があり、現在のところはDCが利用できない。

但し、これまでDCが利用できなかった独自の企業年金のある会社のサラリーマンや公務員、それに加えて専業主婦も、DCの適用対象に加えようとする動きが政府にある。こうした人達も、今後DCを利用できるようになる可能性があるので、制度の変化に注目しておこう。

会社に独自の企業年金が無く、年金は厚生年金だけだというサラリーマンは、「個人型確定拠出年金」と呼ばれる制度を自分で金融機関を探して手続きして利用できる。個人型のDCの利用枠は月に2万3000円までなので、年間で27万6000円のお金を、所得税・住民税などが掛かる前の所得から積立投資に回すことができる。仮に、税率が20％になる所得水準の方の場合、毎年5万5000円強の税金を節約することができる。これは、ほぼ確実で大きなメリットだ。加えて、DCでは、運用期間中に掛かる税金（20％）が免除される。

尚、読者がフリーランスや自営業者などで、国民年金以外に年金に加入していない場合は、月間上限6万8000円、年間81万6000円まで個人型確定拠出年金を利用できる。

さて、DCに加えて、2014年に制度が導入されたNISAもフルに利用したい。現時点では、一人年間100万円までの運用元本に対して向こう5年間運用益に掛かる税金を免除する制度だ。2016年からこの枠が120万円に拡大されるので、5年目には最大600万円の資金を運用益非課税で運用できる。また、2016年から、子供や孫に対して一人年間80万円までの非課税枠がある「ジュニアNISA」が創設される。

DCもNISAも、利用できる範囲や金額が大きくなるのは、それ自体が投資家にとって歓迎すべき変化だ。しかし、こうした動きが政府側で次々にあることの背景には、将来の公的年金の実質的な「使いで」が縮小していかざるを得ないという見通しがあるように思われる。「自分で老後に備えたい人のためには、そのための制度は用意してありました」と将来言えるようにするアリバイ作りのニュアンスを感じる。「将来への備えは自分でやって下さい」という政府からのメッセージだと考えておくのがいいだろう。

ＮＩＳＡの口座はネット証券に開くのがベストだ。しかし、既に銀行にＮＩＳＡ口座を開いてしまった場合は、銀行のホームページを調べてネット取引専用の商品の中からノーロード（販売手数料無料）のインデックスファンドを探すことで損を小さく抑えることができる。それでもＥＴＦを利用する場合よりも、運用元本１００万円当たり年間数千円の損になる。

④リスク資産の投資額を数字「３６０」で決定

リスク資産に投資する「額」（「率」ではなく「額」！）を、（Ａ）損失許容額から逆算した金額を上限に、（Ｂ）好きなだけ、先に決めて貰おうというのが、本書で説明したい運用簡便法の工夫の骨子だ。この決定に当たっては、１年間の最大損失可能額をリスク資産への投資額の３分の１として「許容投資額の範囲」を決めて貰った上で、リスク資産の平均的なリターンの期待値を「無リスク資産＋５％」と考えることとした。

リスク資産への投資額を考える場合には「無リスク資産＋５％」はあくまでも平均値で、３分の１の損の発生と同じくらいの確率で、１年で４割近いリターンが得られる可能性もあるのだということを念頭に置いて欲しい。

結果に不確実性がある意思決定を行う場合、まず（１）最悪のケースを想定してそれでも大丈夫な範囲の見当を付け、（２）その範囲の中で自分にとって適当だと思えるバランスの点を選ぶ、というのは、運用に限らず、人生の選択などでも有効で無難な考え方だ。

内外株式のインデックスファンドで運用する場合、１年で運用資産の大半を失うというような事態は想定し辛く、また、公募の投資信託やＥＴＦは、お金の必要があればいつでも必要な金額に換金することが可能だ。働いていて収入があり、健康な読者の場合、現実的には、全額インデックスファンドで差し支えない場合が多いだろう。

但し、この方法の場合、投資信託を自分の買値よりも安く売ることに抵抗があるといった非合理的だが心理的には納得できる「こだわり」を投資家が克服することが重要だ。買値よりも安く投信を売ることができずに、短期の借金をしてしまうようでは、全く本末転倒だ。カードローンなどの金利は15％くらいあることが珍しくない。株式のリターンは無リスク資産＋５％程度なので、借金の金利にまるで及ばない。

本書では、「やっぱりリスクに晒さないお金も相当額確保しておきたい」と思う多くの人に向けて、まず「リスク資産」への投資額を決めて、次に残った「無リスク資産」の運用の内訳を決める、精神的に採用しやすい方法をご紹介する。

リタイア後の月数を想定する

さて、許容できる最大の損失額を想定するといっても、自分にとってそれが一体幾らなのか、考える材料がなくて困る読者が多いだろう。こうした方に、リスクを想定するヒントになる考え方を一つご紹介しよう。それは、「３６０」という数字を使って、現在の損・得をやや遠い将来の生活費に置き換えて評価する方法だ。

仮に、65歳でリタイアして、やや長めに95歳まで30年間リタイア後の生活が続くと想定する。この間の月数は３６０だ。

すると、たとえば65歳時点で３６０万円持っている人は、65歳からの毎月の収入（たぶん年金）に加えて、毎月１万円余計に支出しても大丈夫だという計算になる。仮に、これが１８００万円なら毎月５万円、３６００万円なら毎月10万円だ。

仮に資産運用で３６０万円損をしたとすると、老後に毎月取り崩して使うことのできるお金が１万円減ることになる。

リタイアする予定の年齢や余命の想定などで「３６０」ではない数字がいいと思う方も

いらっしゃるだろうが、これと似た考え方で、ご自分に合った数字を見つけて、ざっくり計算してみるといいと思う。

この方法は、運用の利回りも、逆に将来の物価上昇率も想定していないが、両者が大雑把に相殺されると考えると、現在のようなゼロ金利且つゼロ・インフレのような時でなくとも大まかな見当を付けるのに役立つように思う。

積立投資

会社員などの場合、今持っているお金を運用する他に、給料やボーナスが入る度にあらかじめ決めておいた金額を積立で貯蓄・投資していこうとお考えになる方が多いのではないか。いわゆる「積立投資」だ。

定期的に積み立てる額を決めたいわゆる「天引き」の貯蓄・投資は、普通の人にも実行しやすい運用資産の追加方式であり、長期的な資産形成の有力な方法だ。

まず、積立投資の核をなす「天引き」という方法だが、これは、人間の遠い将来の利得と比較して近い将来の利得を過大評価する傾向を考えた場合に、計画通りの資金追加を可能にする賢いやり方だ。凡人は、強制的に積立を行うルールでも作らないと、まとまった金額の運用資産を作ることができない。

一方、定期的に一定額を積み立てる方法は「ドルコスト平均法」と呼ばれる方法だが、この方法自体がリスクとリターンの効率を改善するわけではないのは、第二章で説明した通りだ。既に運用資金をお持ちの方は、どうせ「いいタイミング」など分からない中で、平均的に有利だと思うからリスク資産に投資するので、ご自分にとっての適正投資額を遠慮無く一回で投資していい。

逆に追加で運用に回せる運用資産が給料・ボーナスの度に生じて、この全部ないし一部を「リスク資産」に投資するのだという場合、結果的に、リスク資産の購入をドルコスト平均法的に行うことになるだろう。これは「天引き」とも相性が良く、合理的な状態なので、心配せずに定期的に投資してよい。

とはいえ、ETFの場合、少額でも毎回購入時に手数料が掛かるので、ある程度まとめて投資を実行する方が賢いやり方になる。

⑤「リスク資産」は内外の株式インデックスファンドを50%ずつ

さて、リスクとリターンを固定して「リスク資産」への投資額を決めるには、リスク資産の内訳をあらかじめ決めておく必要がある。

リスク資産の比率については、「国内株式」と「外国株式」を「5：5」とした。これは、いったん投資して放置しておいて、「4：6」または「6：4」の範囲の中に入っていれば、調整しなくてもいいという「ほったらかし」を可能にする方法とすることを優先して決めたものだ。

プロの機関投資家が使っている概ね平均的な数字を使って、リスク資産部分のアセットアロケーションの比率を求めると、率直にいって出てきたベストな数字は「内株：外株＝4：6」であった（但し「5：5」との差は微差だ）。しかし、「内株：外株＝4：6」を使うと、外国株式の相対パフォーマンスが良かった場合にリスクのバランスが短期間で崩れて調整が早く必要になる可能性がある。「簡単」と「手間いらず」を優先して、5：5を標準とした。

ネット証券に口座を持ってさえいれば、積立投資を想定して、普通の読者が無理なく買うことができる商品の中で、手数料が安く、多くの金融機関で買えるものは、国内株式では「MAXISトピックス上場投信」（コード番号1348）、外国株式では「ニッセイ外国株式インデックスファンド」だ。外国株式に関しては、最近一般向けに販売されるようになった「三井住友・DC全海外株式インデックスファンド」の信託報酬がより安い。

DCが利用できる投資家の場合、まずDC内の外国株式インデックスファンドを探すことになるだろう。多くの場合、DCで外国株式のインデックスファンドに投資し、NIS

ＡではＴＯＰＩＸ連動のＥＴＦに投資する配分が正解になる。ＤＣとＮＩＳＡだけでは投資したい額に満たない場合は、ネット証券で別途運用すればいい。

ベストだと評価できる商品は、今後も新商品の登場や既存商品の手数料の引き下げで交代する可能性がある。一方、現実の投資にあっては、「ベストに近い商品なら、厳密にベストでなくてもいい」という程度の大らかな気分でいていいだろう。筆者は、書籍などで運用商品を紹介する場合に、その時点でなるべくコストの安い物を選ぶが、実際のコスト差が小さければ、確かに差はあるのだが読者としては細かな差にこだわる必要はあるまい。金融マンが勧める下らない商品を回避できた時点で十分だろう。

⑥ＤＣとＮＩＳＡへの投資の考え方

ＤＣとＮＩＳＡには次のような３つの制度上の特徴がある。

（Ａ）共に運用期間中に運用益が非課税になることが大きなメリットとなっている金融資産の運用スキームだ。

（Ｂ）ＤＣでは運用期間中に運用商品のスイッチングが可能だが、ＮＩＳＡでは５年の非課税適用期間中に全部ないし一部を売却すると、売却分は非課税適用が外れてＮＩＳＡ口座内で再投資することができない。

（C）DCでは、一般に売られている商品と異なる商品がラインナップされており、同じ指数のインデックスファンドでも運用手数料が異なる場合がある。

以上の3点を考慮し、加えて「自分の運用資産全体を最適化させつつ、DCとNISAに最適な運用商品への投資を割り振る」と考えると、多くの場合、DCとNISAで何にいくら投資したらいいかは論理と計算だけで1通りに決めることができる。

運用会社の広告が入るような雑誌でよくやるように、「投資家のタイプ別」にNISAで買うべき商品が変わるなどということはない。

ちなみに、投資家の「タイプ」や資金の「使途」で投資すべき商品が変わり、それが投資家のニーズだ、というのは、運用業界と運用商品を販売する金融機関が、手数料の高いセカンドベスト以下の商品（はじめから検討しなくてもいい商品）を顧客に売るためにこしらえたたちの悪いフィクションだ。

（A）からは、DCやNISAには期待リターンの高い資産を集中すべきだと分かる。（B）では、NISAが「状況が変わった時に売りたくなるような投資対象」には不向きだと分かる。即ち、NISAは個別株への投資には向かない。多くの場合ベストな投資対象になるのはTOPIXに連動する国内株式のETFだ。（C）は実際に利用可能なDCの商品ラインナップを見てみないとどうすれば良いか分からないが、よくあるのは市販のインデックスファンドよりもさらに安い運用手数料の「外国株式」のインデックスファンドがDCで投資できるケースだ。

大まかな傾向を参考に、たぶんこうだろうという想定例を説明してみよう。

たとえば、1200万円の運用資産があって、600万円を「リスク資産」に投資してもいいと思っている（年間200万円までの損への覚悟と用意はできている）会社員がいて、会社のDCに200万円、NISAに100万円の資金があるとしよう。彼（彼女）は、会社のDCで外国株式のインデックスファンドに200万円を全額資金配分して（運用手数料は年率0・25％くらい）、NISAでは100万円をTOPIX連動のETFに投資して、自分が持っているネット証券の口座で、外国株式のインデックスファンドに100万円、TOPIX連動のETFに200万円投資する、といった状態が適切なリスク資産投資になる可能性が大きい。

全体を最適化しながら、DCとNISAに最も得な対象を「割り振る」という感覚を摑んで頂けるといい。

尚、時々受ける質問だが、DCにもNISAにも、バランスファンド（株式と債券の両方を含むファンド）は殆どの場合、不適切だ。

（A）運用途中の利益に非課税という制度のメリットを最大化できないこと、

（B）運用者に適切な投資タイミングで資産配分を調整する能力など期待できないこと、
（C）中身の割に手数料が高いこと（「幕の内弁当」は箱代が高いと思って下さい）、
（D）投資家が投資の中身をリアルタイムで把握しにくいこと、

の4点が、その理由だ。DCでしばしばラインナップされている「ライフサイクルファンド」と称するバランスファンドもDCやNISAには不向きな商品だ。

⑦「無リスク資産」運用の内訳

さて、ここまでのプロセスで、「リスク資産」にいくら投資するかが決まり、DC、NISAも合わせて、どの口座でどの商品にいくら投資するかが決まった。「投資」のガイドとしては、主な部分はご説明したことになるが、「運用」全体としては「無リスク資産」に分類した資金を何に振り向けるのかを説明しないと完結しない。

アセットアロケーションでいうと「国内債券」と「現金の部分」を「無リスク資産」としてまとめて、「リスク資産」との間で資金配分を行い、それぞれの中身を別々に考えたと理解して頂けると、運用に詳しい方は、どこを簡略化したのかを分かって頂けるだろう。

「国内債券」と「現金」を一緒に「無リスク資産」として扱う理由は、現在、国内債券の金利が既にこれ以上の低下余地が殆ど無いくらい低く、金利上昇による値下がりリスクがある一方で、株式との分散投資効果が乏しい状態にあることだ。従って、本書執筆時点の長期国債で0・3%台といった長期金利（10年国債の流通利回り）がさらに下がって、債券価格が値上がりするような環境になると、厳密なアセットアロケーションに少しだけ劣後する可能性があるが、個人投資家の場合、この点は無視していいだろう。株式と債券の相互補完的な関係は、現状では期待できない。「過去を調べると、株式と債券を組み合わせると、このように良かった」といった話は、今後にそのまま通用するわけではないので注意したい。

長期金利（10年国債の流通利回り）が2%を超えてきたら、運用内容を見直す、というくらいでいいと思う。

尚、リスク資産の中に「外国債券」が入っていないのは、為替リスクの大きさを考えた時に、外国債券の期待リターンが低いことが除外の理由だ。現在、海外先進国の長期国債利回りも歴史的な低水準にあり、分散投資の効果が乏しいこともあり、必要ないと判断した。

「円安になった時に儲かるのではないか」、「日本円だけ持っているのはリスクではないか」、「外国債券や外貨預金も入れるべきではないか？」、という意見があるかも知れない。しかし、「外国株式」は円安のメリットを得られるし、「国内株式」も円安と共に株価が上がる傾向がある。内外の株式を持っていると、円安によって十分メリットを受けることができる。運用全体としては、むしろ、円高のリスクを抱え込み過ぎていることが心配だ。この上さらに「外国債券」を付け加えるのは、厳密な計算をした場合でも余計だ。

信用リスクと金利上昇リスクに備える

さて、「無リスク資産」の内容だが、

(1)しばらく動かす予定が無く安全に持っていたいお金は「個人向け国債の変動金利・10年満期型」に、

(2)出し入れする可能性のあるお金は「MRF(マネー・リザーブ・ファンド)**か銀行の「普通預金」**(但し、一人、一行、1000万円までが上限)**に預けておく、**

というのが具体的なアドバイスだ。

判断のポイントになるのは(A)金融機関の破綻リスク(信用リスク)と(B)長期金利上昇リスクの2点だ。

将来、日本のインフレ率が政府・日銀の目指す2%程度に達し、あるいは、これを超えて上昇した場合、長期金利が3〜4%程度に達する可能性が十分ある。この場合、長期債は大きく値下がりし、貸出先が乏しく債券で運用している金融機関（特に地銀や信用金庫など）が経営破綻する可能性は無視できない。

「どうせほぼゼロ金利なら銀行の普通預金にお金を置いても勿体なくはない」との考えは、経済思考として、機会費用の観点から一理ある判断だが、金融機関のリスクを取るのは「一人、一行、1000万円まで」という預金保険の保護範囲内にしておくべきだ。

預金保険の保護範囲を超える運用資金をお持ちの場合、個人向け国債の変動金利・10年満期型、通称「変動10年型」を第一にお勧めする。原理的にいって、国債の方が銀行の預金よりも信用リスク的には安全だ。

問題は、金利上昇リスクだが、たとえば長期金利が3％上がった場合に、個人向け国債「変動10年型」は元本が値下がりせず、クーポンは2％上昇する（半年単位でその時々の10年国債の流通利回りの66％のクーポンが支払われる仕組みです）。

全体的に「信用リスクを気にせず大金でも運用できて、常にベストではないかも知れないが、まあまあ我慢できる無難な運用商品」だ。多くの場合、無リスク資産の運用はこれで十分だ。

個人向け国債は、かつては3ヵ月毎の発行だったが、毎月買えるようになった。証券会社、銀行、ゆうちょ銀行など幅広い金融機関で購入できる。

但し、購入時の注意点は、個人向け国債は、政府から金融機関に支払われる販売手数料が販売額の0・5％と安いため、個人向け国債を窓口に買いに行くと、しばしば別の商品を（ずるく、巧みに）勧められることだ。

金融機関の窓口担当者の本音を推測すると、「せっかくお金を持ったカモがやって来たのに、手数料の安い個人向け国債を買われたのでは勿体ないし、10年も資金が寝てしまう可能性が大きいのではたまらない」というところだ。余計なセールスに一切耳を傾けずに、目的の個人向け国債を買って欲しい。

資金の出し入れが想定される場合は、MRFの方が、信用リスク的に銀行預金よりも安心な面がある。

MRFは投資信託なのでそれ自体が元本保証のある商品ではないが、元本保証のある短期性の商品だけで運用され（MMFよりさらに手堅い）、中身は分散投資されている。加えて、運用資産はこれを販売した証券会社ではなく、信託銀行で分別管理されており、販売証券会社の破綻リスクを気にする必要がない。一金融機関の経営リスクを負う経営内容の悪い銀行の預金よりもMRFの方が安心だろうし、金融機関の経営内容の良し悪しを外から判断するのは簡単なことではない。

銀行預金で1000万円も持つことができれば、普通の人には十分だろうが、出し入れの可能性があるお金の安全な置き場所として、ＭＲＦは好都合だ。

モニタリングとメンテナンス

さて、「リスク資産」と「無リスク資産」への投資配分額が決まり、それぞれで具体的に投資する商品が決まった。読者の「ポートフォリオ」が完成した。

このポートフォリオのモニタリングとメンテナンスについてご説明しよう。

まずポートフォリオのモニタリングは、テレビのニュースやネットの情報等で一日に１回くらい「インデックスの上下を気にしておく」という程度の関心の持ち方でいい。

これに加えて、大きな相場の変動があった時か、２〜３ヵ月に１度くらい、ご自分が投資されている商品の時価を見て頂きたい。たいした手間ではないはずだ。

市場のチェックとしては、日本の株価（できればＴＯＰＩＸ、日経平均でもいい）、米ドル・円の為替レート、ニューヨーク・ダウ、それに長期金利（10年国債の流通利回り）は、できれば毎日数字を見て、前日の値との比較について、10秒か20秒くらい「どうしてそうなったのか？」と考えるといい。こうすると、マーケットに関心を持つことができ、経済思考のスイッチが入る。経済ニュースに関心を持つ理由にもなる。

現実問題として、メンテナンスは、おそらく殆ど必要ない。「リスク資産」は国内株式と外国株式には値動きがあるのでバランスが変化するが、「4：6」から「6：4」の範囲から外れた時には元の「5：5」くらいに戻るように調整するといい。追加で投資する時にウェイトの足りない側を多めに買ったり、逆にお金が必要で部分的に換金する時にウェイトの大きい方を多めに売ったりすることで、大まかに調整ができる。

資産の「売り時」の一般論

著者は、特に「国内株式」や「外国株式」のようなリスク資産について、「どのような時に売ったらいいのか？」というご質問を受けることがよくある。

一般論でお答えすると、

（1）お金が必要な時、

（2）買った理由が無くなった時（より正確には、「持っている理由」が無くなった時）、

の2つが、リスク資産を売っていい時だ。

何れかに該当する場合は、自分の買値に関係なく（ここが大切！）、必要な額だけ売却して換金するといい。遠慮も躊躇も要らない。

（2）に関しては、「リスクを取って余計に儲けたいという気分が無くなった」とか「割安だと思って投資したのに、株価が割高になった」などの状況が主に考えられるが、自信をもってそう判断できる場合は殆ど無いので、「普通の人」はあまり気にする必要はない。

人生には、お金の運用以外に「手を掛けて改善できること」がたくさんある。改善できることに自分の資源（時間と努力も含めて）を配分するのが人生のコツだ。ポートフォリオはいったんスッキリと作ってしまうと、よほど大きな変化がない限り、後で調整する必要はない。

DCとNISAを奨める理由

２０１４年12月30日に発表された自民党の税制改正大綱は、投資の世界の住人から見ると、なかなか意欲的な内容だった。もちろん、まだ全てが決定したわけではないし、決まるとしても詳細がどうなるかは未定な部分もあるが、確定拠出年金（以下「ＤＣ」）とＮＩＳＡ（少額投資非課税制度）の大幅な拡充を目指すとしている。

特に、これまであまり普及が進まなかった個人型ＤＣをより便利にして、拡充しようとする姿勢が見られる。特に大きいのは、サラリーマンの妻が広く対象に加わることだが、この他に、企業型ＤＣを用意できない企業（中小企業など）が社員の加入する個人型ＤＣに拠出する掛け金を所得控除の対象とすることの意味も大きい。何れも、これまでＤＣを利用しにくかった人々の加入を促進する。

2014年に導入されたNISAでは、当初は年間100万円だった利用枠の120万円までの拡大と「ジュニアNISA」の創設が正式に決定し、これは2016年から実施される予定だ。

既に、国民の多くが加入する公的年金の運用が、内外の株式や外貨建債券など、リスク資産への運用資産配分を大幅に増加させることを通じて、国民の多額の資産が半ば強制的にリスク資産に投入されているが、DCやNISAといった利用する個人に責任がある運用を通じてもさらにリスク資産に投資せよと背中を押しているわけで、政府はいわば「一億総投資家時代」を目指していると言えるだろう。

「国民に株を買わせて株価を上げようとしている」、「金融・運用業界のビジネスの顧客(カモ)を増やそうとしている」などの批判も可能だが、節税できる運用の仕組みができ、利用枠が拡がること自体は悪いことではない。

何よりも国民の資産運用の機会が拡大する。投資をしようとしている人は、税制上のメリットを使いながらやる方が有利だ。運用益に掛かる20%の税金が当面なくなるだけでも大きい。

加えて、DCでは、拠出金が所得控除され、つまり所得税・住民税を取られる前の所得から支出でき、この効果が大変大きい。一定以上の所得のある人にとっては、「(ほぼ)確実に儲かる」と言うことのできる、数少ない金融サービスの一つだ。

もちろん、DCやNISAを使って資産を形成することは、多くの国民にとって老後の生活をより安心にする有力な手段ともなる。但し、これは、将来の公的年金が、今よりも、老後の生活を支えるにはずっと不十分なものになる公算が大きいことと同時進行している。DCやNISAが無いよりもある方がずっとましなのだから、前向きに利用することを考えたい。

大人の投資教育で大事な10の考え方

近年、「投資教育」の必要性が強調されているが、自分が一般投資家向けや大学生などを相手に行っているものも含めて、率直に言って満足できるテキストやカリキュラムがない。

日本人のマネーリテラシーを本格的に向上させるためには、中学、高校段階の数学及び社会科で、きちんとした金融知識を教科に組み込んで、大学入試等にお金の問題が多数出題されるようになる状況が必要だろう。

自力で損得計算ができない人にまで、投資をさせようとすることは、金融業界の悪だくみに過ぎない。

ある金融機関が作った小学生向けの投資教育教材を見たことがあるが、株式の仕組みを漫画的な図解で説明するのはいいとしても、株を買うことについて「応援したいと思う会社の株を買ってみよう」といった調子で勧めるに至っては、「カモ（＝愚かな顧客）の養殖に近い！」と思った。

さて、児童・生徒向けの投資教育も必要だが、もっと緊急に必要なのは、現在既にお金を持っている大人に対する投資教育だろう。そして、この場合、「投資」だけに限るのではなく、「貯蓄」や金融版の「消費者教育」も含めた、「お金を増やすこと全般」について、自分で考えることができるようになるための「考え方」の伝授が必要であるように思う。敢えて名付けるなら、「（お金の）運用教育」だろうか（普及の上では語呂がイマイチに思える点が残念だ）。

今回は、大人向けのお金の考え方教育に是非盛り込みたいコンセプトを10個挙げて本書の総仕上げとしたい。

実は、数日にわたって、筆者は、メモ用紙にあれこれ書いては消しながら、運用教育として是非伝えたいのは何かを考えてみた。その過程で浮上し、生き残ったのが以下の10個のコンセプトだ。多くは、本書で既に触れた内容に関連するが、読者は、これらの一つ一つを、他人に教えるとしたらどう教えるかと考えながら読んでみて欲しい。

【賢くお金を増やす10のポイント】

① 運用の能率としての「利回り」
② 「割引」という考え方
③ フェアな市場価格の情報価値
④ 投資はプラス、投機はゼロサム
⑤ まず手数料を評価せよ
⑥ リスクとの付き合い方
⑦ 分散投資のメリット
⑧ 機会費用の考え方
⑨ サンクコスト（埋没費用）の考え方
⑩ 他人を信じないことの重要性

では、一つ一つ解説していこう。

①運用の能率としての「利回り」

運用の選択肢が複数ある場合に、どの選択肢が最も得なのかを判断するためには、「運用の能率」の評価尺度を理解する必要があるが、それは「利回り」（リターン）だろう。もちろん、複利を理解して貰う必要がある。

その他の条件が同等な場合、１００の投資が（Ａ）１年で１０５になるのと、（Ｂ）２年で１１０になるのと、どちらが得なのかを判断できないようでは話にならない。

また、項目を分けるべきか否か少し悩むが、インカムゲインとキャピタルゲインは両方を「合わせて」利回り評価することが大原則であることも伝えなければなるまい。このレベルで騙される客（「カモ」と読んで下さい）が多過ぎて、他人事ながら気が気でない。

複利の効果は、単純な数学的真実だ。これこそが人類の偉大な発明だと感心するようなアインシュタインのような感性を筆者は持っていないが、「72の法則（或いは「70の法則」）」と呼ばれるような、利回りと複利運用した場合に運用資産が２倍になるまでの期間の簡便計算方法も伝えることは有益だろう。

念のためにご説明しておくと、「72の法則」とは、72を％単位の利回りの数字で割り算すると、運用資金を複利運用した場合に運用資産が2倍になるのに掛かる大まかな年数が出るという簡便法だ。たとえば、８％で運用できるなら2倍になるのに9年、６％なら12年、４％なら18年といった具合だ。

尚、複利が特に問題になるのは、運用よりも、むしろ借金の場合だろうから、「複利の威力」を説明する教材には借金のケースも含めるべきだろう。
ついでに、運用の利回りに対して、借金の利率がいかに高くて、借金をすることが損であるかについても伝えたい。

②「割引」という考え方

投資というものを考える上で最も重要なのは、「割引」の考え方だろう。適当な利率を選んで、将来の価値を現在の価値に換算し、現在の価格が幾らなら、その対象を、買うか或いは売るのかを考えることが、運用の意思決定では最も重要で且つ有用な考え方ではないかと思う。

今期末にEで、一定の成長率gで増える毎期毎期の将来キャッシュフローの合計を利率rで割り引いた現在の価値をPとすると、$P=E/(r-g)$となる、という計算式は、金融的な意思決定にあって最も有用な公式であると筆者は考えている。割引の考え方をどの程度実感をもって理解するかが運用に関するリテラシーの中核をなす。

将来キャッシュフローを生む資産の価格は「割引」によって決定されるのだが、この場合、利率が上がる（下がる）と資産価格が下がる（上がる）こと、資産価格が決まることによって利回りが増減していることを理解して貰うと具合がいい。この点が分かると、低成長な国の株式でもリスクに見合うリターンがあっておかしくない、ということが分かるようになる。「日本は人口が減って低成長だから、日本株を買っても儲かるはずがない」と言うような人は、一つには割引による資本の価格形成の理屈が分からないのだろう。

rとgは、昨今、トマ・ピケティ氏の『21世紀の資本』によって大いに流行しているところでもあり、現在、注目度が高い。それぞれの中身の変化とバランスが資産価格（P）にどのような影響を及ぼすかが分かると、景気循環や金融政策と株価の関係などもすっきり分かるようになる。

但し、内容をあまり盛り沢山にしてしまうと、受け手の側で持て余してしまう心配がある（これまでの筆者の反省点でもある）。深い理解については後日を期して、まずは最小限のポイントに絞って伝える方がいいのかも知れない。

③フェアな市場価格の情報価値

株価、為替レートのように市場で形成される価格には、市場参加者の持っている情報と判断が反映する。たとえば、東証一部で売買されているトヨタ自動車の株価は、この株価で売ってもいいと思った参加者と、この株価で買いたいと思った参加者の双方がいて、拮抗した時に形成される。

投資家はトヨタ自動車のことを詳しく知らなくても、市場で形成されたトヨタの株を買うことで、トヨタに詳しい株主と同じリターンを手に入れることができる。これは、小さくないメリットだ。

全ての株の株価が、常に、完全に信用できるわけではないが、株価には市場参加者が持つ情報と判断が反映している。「フェアに市場で売り買いされている株であれば、どれを買っても、或いは売っても、大まかには有利不利はない」というのが現実であり、初心者は、市場に参加することが案外怖くないことを知るべきだ。逆に、業者間で取引されている債券のような投資対象は、フェアな市場価格から幾らサヤ抜きされているのか分からない点が「怖い」と思うのが正しい感性だ。

また、ある投資銘柄について自分が儲けるために有利な情報を知っていると思った場合、まず、その情報が既に株価に反映している可能性を疑うべきだ。

情報は価格に反映する。但し、価格だけを分析しても情報は分からない（チャート分析はリターンの改善に対して、ほぼ無意味だ）。

④投資はプラス、投機はゼロサム

株式投資にはリスクがあるし、外国為替取引にもリスクがある。事後的に運が悪かった場合に大損するかも知れない対象であることは同じだ。共に油断はできない。しかし、両者のリスクは性質が少々異なる。

外国為替の取引の仕組みを理解することは投資の初心者ばかりでなく、FP（ファイナンシャルプランナー）や時にはファンドマネジャーにとっても（株から入った人は為替に疎いことがある）難しいことがあるが、為替は「通貨の交換比率と金利をセットで取引しているゼロサムゲーム」だ。「A通貨とAの金利」と「B通貨とBの金利」の、一方を借り入れて他方に換えて運用するという取引が市場では行われているが（銀行間の取引はそうなっている）、B通貨に対する借り入れを行いA通貨・A金利を買い持ちする人は、逆のポジションの人に対して、同じ大きさのリスクを持つが、自国通貨のリスクフリー金利での運用と比較した場合、両者の損益の合計はゼロだ。つまり、外国為替取引は、リスクはあるが原則としてリターンはゼロのゼロサムゲームなのである。

他方、株式への投資は、企業の資本の一部をある期間提供することであり、その条件は、前述の「割引」の原理によって決まる。この場合、100の資本を1年間提供して、たとえば平均的には105の戻りが期待できるといった、ギャンブルで言うと「100％を超える回収率」が可能だ。割引率の中に「リスクプレミアム」を含ませることによって、投資のリスクにはリスクに見合ったリターンを与えることが可能だ。

外国為替、金などを含む商品相場のリスクは、ゼロサムゲーム的ないわば「投機のリスク」であり、株式・不動産・債券などのリスクはリスクを補償するリターンを期待できる「投資のリスク」だ。

両者に善悪の差は無いが、長期的な資産形成に有利なのは「投資のリスク」の方だ。

⑤まず手数料を評価せよ

投資対象として、あるカテゴリーの運用商品を評価する場合、投資家にとってのその商品のリターンは、(A)「市場リターン」と(B)「スキルのリターン」の合計から(C)商品の実質的な手数料を引いたものだ。

国内株式の投資信託で言うと、(A)株式市場全体の平均的リターンと、(B)ファンドの運用の巧拙と、(C)手数料が評価の要素となるが、(A)はどの商品も共通であり、(B)はプロでもどのファンドの運用が優れているかを「これからの期間に対して」評価することはできない。そうなると、同一カテゴリー内で、商品のリターンの優劣を決める要素は(C)のみということになる。

つまり、100本国内株式の投資信託があるとすると、手数料が最も安い1本は「国内株式」に投資する場合に投資対象として選ばれる可能性があるが、残りの99本は、今後株価が上がると予測した場合でも、投資対象として選んでいい理由がないことになる。

金融商品の売り手側は、市場のリターンと手数料を混ぜて考えさせようとするし、或いは運用が上手いファンドを選ぶことができるという前提で商品を勧めようとするが、商品評価にあっては、まず、「手数料だけ」を見ることによって、不要な商品を予め除外することができるのだ。

つまり投資家が投資する対象とすることが正当化できる運用商品は、ほんの一握りに過ぎない。実は、運用商品の評価と選択は、運用ビジネス側のマーケティング戦略に乗らなければ、ごくごくシンプルなものなのだ。

⑥リスクとの付き合い方

個人投資家であっても「リスク」と適切に付き合う方法を知ることが必要だ。

リターンの標準偏差でリスクを表し、平均からマイナス2標準偏差（起こり得るケースの悪い方から2～3％程度の事象）くらいで、最悪のケースの見当を付けるといった考え方の基本は、初心者でも知っておく方がいい。

もっとも、実践にあっては、「内外の株式のインデックスファンドを半々に組み合わせると、平均リターンが（たとえば）5％で、最悪の場合（マイナス2標準偏差のイベントが起きた場合）1年でざっと3分のマイナスになる」といった、さらに簡単な簡便法を使うのが現実的だ。

但し、この方法にあっても、「まず許容可能な最悪の場合の見当を付けて、その範囲内で最も好ましいリスクとリターンの組み合わせを選ぶ」手順に従うのがいい。

公的年金の運用計画でやっているように、いきなり目標リターンを決めてしまうようなやり方は、本来は大切なお金の運用でやるべきではない（運用のプロであるＧＰＩＦの運用部隊はさすがにこの問題を理解しているだろうから、「厚労省方式」と名付けることにしよう。公的年金の運用にあって、真に危ない人々は彼らである）。

尚、「損して困る最大の金額」をどう決めたらいいか分からないという人が多い。筆者が最近個人投資家によく説明するのは、「３６０」という数字を使う方法だ。殆どの人が老後の備えとして資産を必要としているので、老後の生活費との関連で資産運用の損のインパクトを考えて貰う。

たとえば、「３６０万円損をしたら、老後に年金に追加して取り崩して使うことができる資産が毎月1万円減る」と想像して、損のインパクトを評価して貰う。65歳から（少し余裕を持って）95歳まで生きるとすると、リタイア後の期間が３６０ヵ月なので、「３６０」を使うことにした。もちろん、人によって（たとえば65歳を超えている人に）、数字を変えてアレンジして使うことができよう。

⑦分散投資のメリット

株式1銘柄に集中投資する場合のリスクが35％で（銘柄によって異なるが）、インデックスファンドに投資するリスクを20％（やや大きめの数字だろう）として、共に期待リターンが5％だとするなら、前記の方式での最悪の想定（マイナス2標準偏差のイベント）では、1年間に集中投資が65％の損、インデックスファンドが35％の損となる。

仮に最大損失許容額が200万円なら、集中投資では約307・7万円までしか投資できないが、インデックスファンドなら約571・4万円投資できる。1年間の前者の期待利益は約15万4000円、後者では約28万6000円となる。

リスクで効率を改善することができると、それをリターンの改善に振り替えることもできるのだ。

分散投資は、投資家自身の努力によってポートフォリオを改善することができる点で、手数料の節約と並んで重要なポイントだ。「運」に影響されやすい「運用」の世界にあって、意図的にできる改善は逃せないポイントだ。

事後的に成功した集中投資の自慢話の裏には、語られない多数の失敗した集中投資がある。分散投資のメリットを「なるほど」と思える形で的確に伝えることは、投資教育の大きな目的の一つだ。

⑧機会費用の考え方

お金の運用のみならず、経済的な意思決定全般を改善する上で使いこなせるレベルまで知っておきたい概念として、「機会費用」と次の「サンクコスト」がある。

機会費用とは、ある選択肢を取ることによって放棄した別の選択肢の潜在的利益の中で最大のものを指す概念だ。直接的に支払う費用ばかりが、意思決定にあって問題なのではないということを教えてくれる。

たとえば、アルバイトで5000円稼げる時間にこれをキャンセルして、1500円の代金を払って映画を観るとすると、この映画を観る総合的な費用は最大6500円だ。「最大」というのは、アルバイトをすることが苦痛なら、そのコストを差し引いて潜在的な利益を計算する必要があるからで、仮に苦痛の費用が2000円相当なら、放棄する潜在的利益は3000円でこれが機会費用だ。

一般に、よく考えるべきなのは時間の費用だろう。たとえば、通勤時間が片道30分から1時間になると、通勤時間が毎日往復で1時間延びる。仮に1月に20日出勤するとして、この人の年収が1000万円（年250日出勤、1日8時間労働で時給は5000円となる）だとすると、時間のコストを時給で計算すると、この通勤の遠距離化は毎月10万円のマイナスということになる。

運用の意思決定にあっても、「他のベストな選択肢との差」は常に意識すべきだ。但し、他の選択肢を評価する際には、単純に期待リターンだけを見るのではなく、リスクや手数料などのマイナス要素を差し引いた「潜在的利益」を把握しなければならない。

機会費用の応用例としては、たとえば、日銀の金融政策によって長期金利も超低水準になってしまった状況を考えると、出し入れが簡単で送金や決済などに使いやすい普通預金にお金を置いておくことは、機会費用が通常の金融環境よりもずっと下がっているので、現在、それほど「もったいなくない」といった考え方をすることができる。

⑨サンクコスト（埋没費用）の考え方

機会費用と並んで重要なのがサンクコスト（埋没費用）の考え方だ。たとえば、途中まで建設したオフィスビルの建築費が30億円で、残り30億円の費用で完成できる場合、完成後のビルが40億円の価値を持つなら、建築を続けるべきだし、価値は20億円しかないと算定されるなら、可能であれば続きの建築を放棄すべきだ。

意思決定に影響させるべきなのは、「現時点よりも後のコストとベネフィット」のみであり、これまでに掛かってしまってこれから変更できない費用（利益も含む）は「サンクコスト」として無視するのが正しい。

前者の場合、60億円掛けたビルが40億円でしか売れないのだから、プロジェクトとしては失敗だが、「現時点では」残り30億円の支出で40億円の完成ビルが手に入るのだから工事続行が正しい。一方、後者の場合、過去に30億円も掛けたのだから、もう30億円掛けて完成させないともったいないと考えるのは正しくない。問題はあくまでも「今後の損得」のみなのだ。

この例だと読者にも簡単に納得して頂けるかも知れないが、金融的な意思決定の場合には簡単でない場合がある。

たとえば、500円で買った株を、400円の株価で平静に売ることができるだろうか。現実には「損を固定する（のはいやだ）」などと言って、売ることができない投資家が少なくないのだが、意思決定の時点で100円分の損は既に発生してしまった「サンクコスト」なのであり、自分の過去の買値を「今」の意思決定に影響させてはいけないというのが正しい意思決定のセオリーなのである。

「サンクコストを無視せよ」は案外実行できない人が多い。

⑩他人を信じないことの重要性

運用教育は、運用商品・サービスの消費者に対する「消費者教育」でもある。だとすると、最も大事なのは、運用に於ける「他人」というものとの関わり方だろう。

根本的な問題は、（1）情報が非対称であることと、（2）それぞれ人は（自分も他人も）自分の利益（＝インセンティブ）に基づいて動いている、ということの2点だ。

自分が知らないことを相手は知っているかも知れない、相手は相手自身の得にならない場合知っていることを必ずしも自分に教えないだろう、相手は嘘や嘘ではないけれども根拠のないことをいう可能性がある、といったことを、「相手」が金融機関の担当者やFPといった直接の利害が絡む人だけでなく、自称・他称を含めていわゆる専門家（自称を含めるので筆者も入ります）や、さらには友人・知人も、警戒すべき「他人」だ。

ちなみに、友人・知人は、直接の悪意はなくとも結果的に不良金融商品の効果的で悪質なセールスマンになるケースが多々ある。たとえば、通貨選択型の毎月分配型投資信託で大損をしているというような方が、その商品を買ったきっかけが、（たとえばゴルフ仲間の）友人に商品を勧められたことや、友人に金融マンを紹介されたことである場合がよくある。人間は、自分が怪しいものに手を出すと、仲間を作って安心したくなる厄介な生き物だ。

「金融機関の窓口で運用の相談をしてはならない（特に無料の相談は危険）」、「自分の投資可能金額を金融マンに知られてはならない」、「運用の相談をする相手と、商品を購入する相手は、同じではいけない（利害が同一も含む）」、「専門家の言うことを鵜呑みにしてはいけない」、等々、この方面の心配には殆どきりが無い。

基本的な原理は、ゲームの形にでもすれば小学生にも分かる考え方だが、運用は不確実な世界なので、「誰か他人を信じたい」と思う人が跡を絶たない。

一言で標語にまとめるなら、「信じる者は愚かなり！」だ。

もちろん、その相手が銀行員であっても、信じるのはいけない。自分で考える以外に、自分のお金を守る方法はない。

あとがき

実は、著者にとって、本書を一番読んでほしい読者は銀行員なのだ。銀行の経営者および銀行員の皆様に、顧客と銀行の双方が長期的に上手くいくようなビジネスのあり方をあらためて考えてみることを期待するからだ。

本書の原稿の元になった文章の一部は、主に銀行員を読者とする『近代セールス』（近代セールス社刊）という雑誌に、「山崎元の資産運用の常識・非常識」というタイトルの連載で執筆したものだ。執筆当時、銀行員が顧客にとって正しい営業を行わないことへの怒りと、銀行員に資産運用の正しい常識を知ってほしいという願いと、心ある銀行員はきっと行動を改善してくれるはずだという期待とが交錯していたことを思い出す。

長く運用業界・証券業界に身を置いてきた者として、１９９０年代の証券・投信業界の状況をお話ししてみたい。

世間では、今も、大衆に向かって「貯蓄から投資へ」、金融機関の経営方針として「資産残高営業」といった言葉が流布しているが、これらは、証券界では、既に20年以上前から存在していた「耳タコ」もののキャッチフレーズだ。

バブル崩壊後の１９９０年代、証券会社各社は、顧客からの預かり資産残高に目標を設け、投資信託などの預かり資産から生じる手数料収入で経営を安定させようと模索してきた。株式の「回転売買」や、投資信託の「乗り換え」営業から決別して、顧客から過剰な手数料を取ることを止めて、顧客の資産形成をサポートしようという理想を持っていた。

しかし、彼らは、バブル崩壊後の経営の苦しさから、伸び悩む預かり資産の中で短期間に投信の手数料を繰り返し取るような営業から手を引くことができなかった。その結果、必然的に顧客の資産は傷み、資産が動かなくなったり、脱落したりする顧客が生じた。これを新規の顧客やほとぼりの冷めた顧客の資産を対象とする手数料稼ぎで補う、いわば「焼き畑式農業」のような成長停止の状況に陥った。

一方、投資信託業界も、手数料を稼ぎたい証券会社に自社の商品を売って貰うために、手数料（販売手数料、信託報酬共に）のより高い商品を投入し、１９９０年代を通じて、投資信託の手数料水準が上昇した。資産の運用が急に上手くなるはずもないから、顧客から見て、投資信託は商品の品質が大いに劣化したのだ。

1990年代の後半に差し掛かり、金融リテラシーのあるまともな投資家は投資信託を相手にしなくなり、一方、投信業界側としても手数料をこれ以上上げるわけにもいかず、さりとて手数料を引き下げると、既存の高手数料商品から資金が流出することが怖いという手詰まり状況に陥った。投資信託のビジネスは一種の袋小路に入ってしまった。

顧客の資産から、どの程度手数料収入を上げてもいいのか。顧客の資産を傷めず、同時に自社にとっても適切な利益となる手数料水準がどのあたりなのかという問題に、証券会社と投信会社は正面から向き合ってこなかった。証券業界が、今も、ラップ口座などという下品なビジネスモデルで分厚い手数料を稼ごうとしていることは、皆様もご存じの通りだ。

投信ビジネスの袋小路を救ったのが、1998年に実施された「日本版ビッグバン」だった。特に銀行窓口での投信販売の解禁だった。銀行が持つ巨大な顧客資産が、投資信託の販売対象に加わった。大きな需要が降って湧いたおかげで、投資信託ビジネスの問題点が一時的に覆い隠されたのだ。

開始当初はおどおどとリスクの説明ばかりしていた銀行の投信販売も、毎月分配型投信の販売などによるトレーニングを経て、すっかり堂に入ってきた。今や、証券マンに全く遜色ないのは、本文でも触れた通りだ。

2012年末から始まったアベノミクスで久しぶりに投資環境的に追い風が吹き、2014年には、NISAの開始という後押しもあった（顧客にとって銀行はNISAに不向きだが）。

しかし、低コストなインデックスファンドやETFなど良い商品が登場した一方で、一見魅力的だが中身が複雑でリスクも手数料も大きな顧客にとって危険な商品は増え続けていて、相変わらず売れてもいる。

投資信託の問題、さらにもっと広く顧客の資産から幾ら稼ぐのが適切なのかという資産運用ビジネスの根本問題は、未解決のままなのだ。

銀行が持っている資産運用ビジネスのポテンシャルは、まだまだ大きいし十分生かされていない。そして何よりも、顧客の銀行に対する信頼は、証券会社に対するものよりも遥かに厚い。銀行の経営者と銀行員の皆様もこれに応えたいと思っておられるだろう。

しかし、根本的な問題が解決していないのだから、1990年代に証券・投信業界が陥ったのと同様の袋小路に今度は銀行が辿り着かないとも限らないし、何よりも、今の営業姿勢を修正しなければ、顧客が離れていってしまうだろう。

銀行員の皆様には、資産運用ビジネスの正しいあり方を、今のうちに、考えてみて頂けないだろうか。そして、運用の真の常識、顧客にとっての真の利益が何なのかを知ったその上で、嘘のない良いサービスを提供して、堂々と適正な利潤を得て欲しい。本書が、その考えの手掛かりになるとすれば、著者の喜びとしてこれに勝るものはない。

山崎　元

講談社現代新書　2346

信《しん》じていいのか銀《ぎん》行《こう》員《いん》　マネー運《うん》用《よう》本《ほん》当《とう》の常《じょう》識《しき》

二〇一五年一二月二〇日第一刷発行　二〇一六年一月一五日第二刷発行

著　者　山崎《やまざき》　元《はじめ》　

発行者　鈴木　哲
発行所　株式会社講談社
東京都文京区音羽二丁目一二―二一　郵便番号一一二―八〇〇一
電　話　〇三―五三九五―三五二一　編集（現代新書）
〇三―五三九五―四四一五　販売
〇三―五三九五―三六一五　業務
装幀者　中島英樹
印刷所　凸版印刷株式会社
製本所　株式会社大進堂
定価はカバーに表示してあります　Printed in Japan

N.D.C. 338　237p　18cm
ISBN978-4-06-288346-7

「講談社現代新書」の刊行にあたって

教養は万人が身をもって養い創造すべきものであって、一部の専門家の占有物として、ただ一方的に人々の手もとに配布され伝達されうるものではありません。

しかし、不幸にしてわが国の現状では、教養の重要な養いとなるべき書物は、ほとんど講壇からの天下りや単なる解説に終始し、知識技術を真剣に希求する青少年・学生・一般民衆の根本的な疑問や興味は、けっして十分に答えられ、解きほぐされ、手引きされることがありません。万人の内奥から発した真正の教養への芽ばえが、こうして放置され、むなしく滅びさる運命にゆだねられているのです。

このことは、中・高校だけで教育をおわる人々の成長をはばんでいるだけでなく、大学に進んだり、インテリと目されたりする人々の精神力の健康さえもむしばみ、わが国の文化の実質をまことに脆弱なものにしています。単なる博識以上の根強い思索力・判断力、および確かな技術にささえられた教養を必要とする日本の将来にとって、これは真剣に憂慮されなければならない事態であるといわなければなりません。

わたしたちの「講談社現代新書」は、この事態の克服を意図して計画されたものです。これによってわたしたちは、講壇からの天下りでもなく、単なる解説書でもない、もっぱら万人の魂に生ずる初発的かつ根本的な問題をとらえ、掘り起こし、手引きし、しかも最新の知識への展望を万人に確立させる書物を、新しく世の中に送り出したいと念願しています。

わたしたちは、創業以来民衆を対象とする啓蒙の仕事に専心してきた講談社にとって、これこそもっともふさわしい課題であり、伝統ある出版社としての義務でもあると考えているのです。

一九六四年四月　野間省一